Gesunde Ernährung

Rudolf Steiner

GESUNDE ERNÄHRUNG

Archiati
Verlag

Für die Redaktion dieser Vorträge wurden alle bisher erfolgten Veröffentlichungen berücksichtigt, einschließlich GA 348, 350 und 354. Inhaltsverzeichnis und Titel der Vorträge stammen vom Redakteur.

Erste Auflage 2006
(1. bis 5. Tausend)

Herausgeber: Archiati Verlag e. K., Bad Liebenzell
Redaktion: Pietro Archiati, Bad Liebenzell
Korrektorat: Eva Koglin, Ganderkesee
Zeichnungen: Monika Grimm, Bad Liebenzell
(In enger Anlehnung an Rudolf Steiners Wandtafelzeichnungen)
Umschlag: Archiati Verlag, Bad Liebenzell
Foto: Rietmann, © Verlag am Goetheanum
Druck: Memminger MedienCentrum, Memmingen

ISBN-10: 3-938650-84-2
ISBN-13: 978-3-938650-84-4

Archiati Verlag e. K.
Am Berg 6/1 · D-75378 Bad Liebenzell
Telefon: (07052) 935284 · Telefax: (07052) 934809
info@archiati-verlag.de · www.archiati-verlag.de

Inhaltsverzeichnis

Vier Vorträge gehalten in Dornach/Schweiz
am 22. September 1923, 31. Juli 1924,
2. August 1924 und 8. Januar 1923

2. Vortrag

Wurzeln, Kräuter, Früchte. Rohkost und Vegetarismus

S. 49

- Der grüne Pflanzensaft und das rote Blut sind füreinander da: Der Mensch gibt der Pflanze Kohlensäure, die Pflanze gibt dem Menschen Sauerstoff *S. 49*
- Die Wurzel der Pflanze enthält vor allem *Salze* und ist mit dem Menschenkopf verwandt – so zum Beispiel die gelbe Rübe (Möhre oder Karotte) *S. 55*
- Die Knolle der Kartoffel ist keine Wurzel, sie enthält viel *Kohlehydrate*, schwächt aber den Körper *S. 59*
- Gekochte Saat- und Feldfrüchte stärken mit ihren *Kohlehydraten* den Körper am meisten *S. 62*
- Bei den *Fetten* wird im Körper Materie vernichtet. Dies erzeugt die Kraft, sie neu zu bilden *S. 66*
- Das Krautartige enthält am meisten *Fette* und wirkt als Salat vorzugsweise auf Lunge und Herz *S. 69*
- Das *Eiweiß* vor allem der Blüten und Früchte wirkt auf die Ernährungsorgane, auf den Unterleib *S. 71*
- Pflanzenfette müssen im Körper ganz, Tierfette nicht ganz vernichtet werden. Vegetarische Kost setzt einen stärkeren Körper voraus, den nicht jeder hat *S. 73*
- Der Mensch braucht nicht allzu viel Eiweiß, sonst vernichtet er den Körper *S. 76*

3. Vortrag

Ernährung der Kinder, Abhärtung, Düngung

S. 81

- Der Mensch zerlegt in sich das Eiweiß und behält davon nur den Kohlenstoff. Das Fett erzeugt er in sich neu *S. 81*
- Der *Dünger* macht den Boden nur dann lebendig, wenn er – im Gegensatz zum mineralischen Dünger – vom Tier stammt *S. 86*
- Nicht durch äußerliche *Abhärtung,* sondern durch ordentliche Verarbeitung der Nahrung wird der Mensch stark *S. 90*
- Arterienverkalkung und Heuschnupfen stellen einen Kräftegegensatz dar *S. 93*
- Aus dem Instinkt zu wissen, was einem gut bekommt – so wie es bei den Tieren ist –, ist sehr wichtig *S. 98*
- Kinder haben noch diesen Instinkt: Dem sollte man unbedingt folgen *S. 101*
- Der Journalist braucht Kaffee für das Denken; der Diplomat braucht Tee für die Unterhaltung *S. 103*

4. Vortrag

Was macht der Alkohol im Körper des Menschen?

S. 107

- Der Alkohol wirkt auf das Blut und erhöht dessen Kreislauf. Der Kater zeigt die Abwehr des ganzen Körpers *S. 107*
- Manche verjagen den «Katzenjammer» durch erneutes Trinken. Der Körper kann viel vertragen, aber nur bis zu einer gewissen Grenze *S. 110*
- Beim Säuferwahnsinn (Delirium tremens) sieht sich der Mensch von Mäusen verfolgt *S. 112*
- Das Blut ist stark geschützt gegen den Alkohol – seine weißen und roten Blutkörperchen entstehen im Knochenmark *S. 114*
- Wenn die Mutter trinkt, wird das Kind zu schwerfällig, wenn der Vater trinkt, wird es zu zappelig *S. 117*
- Am Beispiel einer Zündwarenfabrik: Auch kleine Mengen von Stoffen können *von außen* den Körper untergraben *S. 123*
- Der Alkohol richtet mehr Menschen zugrunde als Wasser – durch das Vererben von immer schwächeren Körpern *S. 129*
- Alkoholverbot ist keine Lösung – viele würden zum Kokaingenuss greifen, was noch schlimmer ist. Was wirklich hilft, ist echte Aufklärung *S. 132*

Vorwort

Rudolf Steiners Vorträge vor Arbeitern

Diese Vorträge, die Rudolf Steiner am Ende seines Lebens hält, stellen auch für ihn etwas Besonderes dar. Der Mensch, der jahrelang eine umfassende Geisteswissenschaft nach allen Seiten hin ausgebaut hat, spricht jetzt zu ganz einfachen Menschen, zu Arbeitern, bei denen er keine besondere Bildung, sondern schlichte Menschlichkeit voraussetzt.

In jedem von diesen Vorträgen merkt man, dass Steiner sich bei diesen Arbeitern ganz zu Hause fühlt: Zu wiederholten Malen hatte er zur Sprache gebracht, dass seine Geisteswissenschaft für alle Menschen ohne Unterschied da ist, dass der gesunde Menschenverstand, den alle Menschen gemeinsam haben, sie überzeugend finden kann. Man merkt überall seine Freude, bei diesen Arbeitern den Menschenverstand in unverdorbener Form voraussetzen zu dürfen.

Über die Jahre hatte er wiederholt den Gedanken geäußert, dass in der modernen Kultur zwei Strömungen vorhanden sind: eine in den Niedergang führende und eine aufsteigende, am Anfang sich befindende. Er meinte damit das Bürgertum auf der einen und die Arbeiterschaft auf der anderen Seite. Er hatte wenig Fähigkeit oder Bereitschaft in der etablierten Gesellschaft gefunden, zur Überwindung des Materialismus eine Wissenschaft des Geistigen in Angriff zu nehmen. Zugleich sah er die arbeitenden Menschen nach einer Geisteswissenschaft geradezu hungern, wenn auch nicht immer bewusst. Auch damals konnte der Arbeiter eine Kultur, die sich als Luxus abseits des Lebens abspielt, nur als etwas erleben, was nicht zu ihm gehört. Kurz vor seinem Tod bekam Rudolf Steiner zum ersten Mal über längere Zeit die Möglichkeit, gerade zu dieser «unteren Schicht» aus dem Reichtum seiner Geisteswissenschaft heraus zu sprechen.

Der Archiati Verlag sieht in der Herausgabe dieser Vorträge eine besondere Aufgabe. Von allem Anfang an ist es sein Bestreben gewesen, die Geisteswissenschaft Rudolf Steiners allen Menschen zugänglich zu machen, unabhängig von Bildung, sozialer Schicht oder kultureller Herkunft. Diese Geisteswissenschaft ist einerseits menschheitlich, universell, sie spricht alle Menschen gleich an; andererseits wendet sie sich an das Individuum, an das Denkvermögen und an den freien Willen jedes einzelnen Menschen. Die Arbeitervorträge Rudolf Steiners stellen in vielleicht reinster Form dasjenige dar, was der Archiati Verlag allen Menschen zur Verfügung stellen möchte, weil es alle Menschen als Menschen gleichstellt und jeden in seiner Würde als Mensch als höchsten Wert achtet.

Diese Vorträge wurden nach dem Frühstück, nach den ersten Arbeitsstunden gehalten, zu einer Zeit, wo die Arbeiter nicht zu müde waren und am aufnahmefähigsten. Sie gehörten zu ihren Arbeitsstunden. Nicht Rudolf Steiner wählte die Themen, die zur Sprache kamen, sondern die Arbeiter selbst. Er ließ sie jedes Mal die Fragen stellen, die ihnen am Herzen lagen. Es gab für ihn keine Themen, die er für sie für wichtig hielt: Ihm waren die Themen wichtig, die für die Arbeiter wichtig waren.

Der heutige Leser wird von selber merken, welche Kunst in der Sprache dieser Vorträge liegt: Sie ist schlicht, sprühend, erfindungsreich, humorvoll – und vor allem menschlich. Es werden manchmal die tiefsten, kompliziertesten Dinge in aller Einfachheit dargestellt. Und man staunt immer wieder, was dieser Mensch Rudolf Steiner über die unterschiedlichsten Bereiche des Lebens auszupacken hat. Jeder vernünftige Leser müsste sich fragen: Woher hat er das alles? Doch ganz unmöglich von der sinnlichen Wahrnehmung alleine!

Und wenn auch nur einiges wissenschaftlich nicht stichhaltig oder schlicht falsch wäre, hätten das nicht seine vielen Feinde über die Jahrzehnte an die große Glocke gehängt? Sie haben bis jetzt im Wesentlichen nur eine Rettung vor Rudolf Steiner gefunden: ihn zu ignorieren, ihn totzuschweigen. Wie sehr wünscht der Archiati Verlag, dass Millionen von «Arbeitern» dieses Schweigen brechen, dieses Ignorieren rückgängig machen. Sie allein können das vielleicht tun!

Viktor Stracke, der zu den damaligen Arbeitern gehörte, berichtet über die Erfahrungen der Arbeiter mit Rudolf Steiner. Er schreibt: *«Und so dankbar wir Herrn Doktor waren für die Liebe, die er uns zeigte, für die Weisheit, die er vor unseren Blicken öffnete, so froh war Dr. Steiner selbst, daß wir Fragen hatten und daß er zu uns sprechen durfte. Und oft habe ich es erlebt, daß er ein Thema, das vormittags bei uns angeschlagen worden war, dann abends in den Mitgliedervorträgen, auch behandelte, weil die Frage ‹in der Luft lag›. Aber* wie *er zu uns sprach, das hatte noch einen ganz besonderen Duktus: Klar, deutlich, einfach, mit fast derbdrastischen Beispielen, aber doch immer die tiefsten Inhalte voll aussprechend, nicht ‹populär›-belehrend. Beschreiben kann man's eigentlich nicht. Bescheiden wie ein Kamerad sprach er, so könnte man es vielleicht nennen. Und doch hatten wir so ungeheuren Respekt, die meisten von uns hatten Herzklopfen; oft wurde tagelang besprochen, wer eine Frage stellen solle und welche.»* (in: *Erinnerungen an Rudolf Steiner*, hrsg. von E. Beltle und K. Vierl, Verlag Freies Geistesleben, 1979, S. 201)

Menschen, die die Geisteswissenschaft Rudolf Steiners sehr schätzen, haben sich dem Archiati Verlag gegenüber entsetzt über die Sprache geäußert, in der Steiner mit den Arbeitern spricht. Sie meinten, plötzlich einen ganz anderen Steiner zu erleben. Sie fanden die Sprache dieser Arbeitervorträge «nachlässig», einer von ihnen nannte sie «schlampig». Ist das nicht der Beweis, dass heute nicht weniger als damals die «obere Schicht» der Gesellschaft die «untere» kaum kennt, vielleicht nicht einmal weiß, dass sie unter Umständen eine ganz andere Lebendigkeit in die Sprache hineinbringen kann? Warum soll die Sprache sich nur nach dem herrschenden Bürgertum richten und nicht auch nach den Millionen von Arbeitern, die ebenfalls das Recht haben, auf ihre Art und Weise mit der Sprache umzugehen?

Man kann verstehen, dass für viele der damaligen Anthroposophen die Arbeitervorträge Rudolf Steiners keine große Bedeutung hatten. Man kann verstehen, dass über die Jahrzehnte nach dem Tod Steiners selbst führende Anthroposophen große Bedenken in Bezug auf Sprache und Inhalt dieser Vorträge geäußert haben. Wie aber Steiner selbst ganz anders darüber dachte, berichtet wiederum Viktor Stracke (S. 201-2): *«Als es sich bei einer Tagung darum handelte, in das voll ausgefüllte Arbeitspensum Dr. Steiners* noch *eine Besprechung einzuschieben, soll jemand eine Zeit vorgeschlagen haben, in der ein Arbeitervortrag vorgesehen war und dabei die Worte gebraucht haben: ‹... das ist ja nur ein Arbeitervortrag!› – Worauf Herr Doktor empört gesagt haben soll:* ‹Nur? Nur? ... *Die Arbeitervorträge sind* sehr wichtig!›»

Monika Grimm
Michael Schmidt
Pietro Archiati
im Herbst 2006

Erster Vortrag

Eiweiß, Fette, Kohlehydrate und Salze

Dornach, 22. September 1923

Nun, meine Herren, liegt heute etwas vor?

Arbeiter: In Bezug auf *Ernährung* möchte ich anfragen, ob eine Beziehung in der Ernährung durch die Kartoffel in anderen Ländern besteht, also ein Zusammenhang in anderer Beziehung als, sagen wir, für die Europäer.

Rudolf Steiner: Wir wollen die ganze Frage von der Ernährung, von der Beziehung der Ernährung zur geistigen Welt, heute noch einmal besprechen.

Sie wissen ja, dass die Kartoffel erst in der neueren Zeit eingeführt worden ist. Da hatte ich Ihnen gesagt, dass im früheren Europa die Kartoffelernährung nicht vorhanden war, sondern dass damals die Völker sich in einer anderen Weise, von wesentlich anderen Produkten, ernährten.

Nun können wir natürlich diese Frage nicht entscheiden, ohne dass wir die Beziehung der geistigen Welt zur Ernährung überhaupt betrachten.

Sie werden sich erinnern – ich habe ja diese Dinge schon einmal angedeutet –, der Mensch lebt eigentlich von viererlei Produkten.

Zuerst lebt er von *Eiweiß,* (s. Tafel S. 48, A) das er eigentlich mit allen seinen Nahrungsmitteln in sich aufnimmt, das in einer, ich möchte sagen, charakteristischen, in einer besonders bezeichnenden Form ja im Hühnerei enthalten ist, das aber in allen Nahrungsmitteln mitenthalten ist. Also das ist das Erste, das Eiweiß.

Dann nimmt der Mensch auch *Fette* auf – Fette nicht nur, indem er direkt tierisches Fett genießt, sondern Fett ist wiederum in allem enthalten. Sie wissen, es werden fetthaltige Nahrungsmittel auch zu anderen Produkten umgestaltet, wie zum Beispiel die Milch zum Käse umgestaltet wird und so weiter.

Das dritte Nahrungsmittel, das sind diejenigen Produkte, die wir als *Kohlehydrate* bezeichnen. Und das ist all dasjenige, was wir aus dem Pflanzenreich aufnehmen, natürlich auch aus den anderen Nahrungsmitteln mit aufnehmen, was aber wesentlich eben in einem solchen Nahrungsmittel enthalten ist wie Weizen, Roggen, Linsen, Bohnen – aber auch in der Kartoffel und in der Kartoffel in ganz vorherrschendem Maße.

Das Letzte, was der Mensch nötig hat zum Leben, was er gewöhnlich nur als einen Zusatz betrachtet, was aber zum Leben ganz besonders notwendig ist, das sind die *Salze.* Nun, wir nehmen ja unsere Salze zunächst in Form des Kochsalzes auf, aber wiederum enthalten alle Nahrungsmittel Salze.

Sodass wir sagen können: Die menschliche Nahrung muss, damit der Mensch leben kann, aus Eiweiß, Fetten, Kohlehydraten und aus Salzen bestehen.

Nun will ich Ihnen beschreiben, was denn eigentlich diese verschiedenen Nahrungsmittel, die wir dadurch, dass wir gemischte Nahrung genießen, eben in verschiedener Form bekommen, für den Menschen bedeuten.

Nehmen wir da zuallererst *die Salze*. Die Salze, die sind eigentlich für den Menschen, wenn sie auch nur in geringen Mengen aufgenommen werden, ein außerordentlich wichtiges Nahrungsmittel, nicht bloß ein Genussmittel.

Wir salzen unsere Speisen nicht bloß deshalb, dass wir etwa, sagen wir, angenehme Säuerlichkeit im Geschmack haben, sondern wir salzen unsere Speisen aus dem Grund, damit wir überhaupt *denken* können. Also die Salze müssen als Nahrungsmittel bis in das Gehirn kommen, damit wir überhaupt denken können. Die Salze hängen am meisten mit demjenigen zusammen, was unser Denken ist.

Wenn jemand zum Beispiel so krank ist, dass er alles dasjenige, sagen wir, was in der Nahrung Salz ist, im Magen oder im Darm ablagert, nicht mit dem Blut ins Gehirn schickt, dann wird er schwachsinnig, dumm. Das ist dasjenige, auf was man eben aufmerksam machen muss.

Nicht wahr, man muss sich klar sein darüber: Geist ist vorhanden, aber der Geist muss, damit er auf der Erde wirken kann, in den Stoffen wirken. Und man muss daher, gerade wenn man Geisteswissenschaft betreibt, die Wirkung des Geistes in dem Stoff kennen.

Sonst wäre es ja so, wie wenn einer sagen würde: Maschinen machen, das ist etwas Materielles. Wir aber sind geistige Leute, wir wollen nichts Materielles, wir wollen also nicht erst Eisen kaufen oder Stahl, sondern wir wollen Maschinen aus dem Geist heraus erschaffen. Das ist natürlich Unsinn. Man muss erst den Stoff dazu haben.

So braucht in der Natur der schaffende Geist überall den Stoff. Und ist er gehindert, den Stoff zu verwenden, lagert sich also das Salz, statt dass es durch das Blut zum Gehirn dringt, im Magen und in den Gedärmen ab, dann wird der Mensch dumm.

So einfach ist allerdings die Sache wiederum nicht. Der Mensch kann das Salz nicht unmittelbar so brauchen, wie es draußen in der Natur ist.

Wenn Sie also – man könnte das sogar – ein Löchelchen ins Gehirn machen würden und einem da Salz ins Gehirn einträufeln würden, so würde das nichts nützen, denn das Salz muss schon in den Magen hineinkommen, weil, wenn das Salz in den Magen und in die Därme kommt – betrachten Sie nur einmal, dass das Salz ja schon auf der Zunge aufgelöst wird –, es noch mehr, ganz fein aufgelöst wird, immer feiner und feiner wird.

Es kommt durch das, was der Mensch mit dem Salz macht, das Salz überhaupt schon in einem vergeistigten Zustand ins Gehirn. So einfach, dass wir das Salz direkt ins Gehirn bringen könnten, ist die Sache also nicht. Aber wer nicht imstande ist, die Wirkungen des Salzes im Gehirn zu haben, der wird dumm.

Nun betrachten wir *die Kohlehydrate*. Das ist also, sagen wir, in Erbsen, Bohnen, Weizen, Roggen oder in der Kartoffel vorzugsweise drinnen, da genießen wir die Kohlehydrate mit. Die tragen insbesondere dazu bei, dass wir als Mensch die menschliche *Gestalt* haben.

Wenn wir keine Kohlehydrate essen würden, so würden wir alle möglichen Verzerrungen der menschlichen Gestalt haben. Wir würden meinetwillen so sein, dass sich die Nase nicht ordentlich ausbilden würde, die Ohren nicht ordentlich ausbilden würden. Wir hätten nicht diese menschliche Gestalt, die wir haben. Die Kohlehydrate, die wirken dahin, dass wir gewissermaßen äußerlich als Mensch gezeichnet werden. Überallhin wirken sie, dass wir überall als Mensch gezeichnet werden.

Und wenn der Mensch so organisiert ist, dass er die Kohlehydrate nicht ins Gehirn hineinbringt, sondern wenn sie sich wiederum in den Gedärmen und im Magen ablagern, dann verfällt der Mensch, dann sieht man, wie der Mensch zusammenfällt, wie er in sich zusammensinkt, wie er schwach wird, wie er gewissermaßen seine Gestalt nicht mehr aufrechterhalten kann.

Also die Kohlehydrate tragen das ihrige dazu bei, dass wir überhaupt die richtige menschliche Gestalt haben.

Sie sehen also, wir müssen eigentlich überall die richtigen Nahrungsmittel hinbringen. Die Salze, die wirken vorzugsweise da vorn auf das Gehirn, die Kohlehydrate, die wirken mehr da rückwärts auf das Gehirn, auf diese Schicht da.[1]

Und namentlich würde bei dem Menschen, der zu wenig Kohlehydrate verdauen kann, der sie nicht in diese Schicht des Gehirns hineinbringen würde, sich sehr bald auch das herausstellen, dass er immerfort *heiser* ist, dass er nicht rein und klar sprechen kann.

Sodass, wenn Sie einen Menschen vor sich haben, der früher ganz ordentlich hat reden können, aber nun plötzlich eine heisere Sprache kriegt, Sie sich sagen können: Bei dem ist in der Verdauung etwas nicht richtig. Er kann nicht in der richtigen Weise Kohlehydrate verdauen, sie kommen nicht an die richtige Stelle des Gehirns. Dadurch ist seine Atmung nicht mehr in Ordnung und auch seine Sprache nicht.

Sodass wir sagen können: Die Salze wirken vorzugsweise auf das Denken. Die Kohlehydrate wirken zum Beispiel auf die Sprache (s. Tafel S. 48, B) und alles, was da-

---

1 Vermutlich zeigt Steiner die verschiedenen «Schichten» am eigenen Kopf.

mit zusammenhängt. Es ist also notwendig, dass wir diese Kohlehydrate haben.

Nun, sehen Sie, die Kohlehydrate, die wirken für unsere Gestalt, aber sie haben eigentlich die Absicht, uns zu einer bloßen Gestalt zu machen, sie polstern uns nicht aus.

Wir müssen aber auch ausgepolstert werden – und das machen *die Fette*. Die Fette bewirken also, dass da, wo die Kohlehydrate die Gestalt aufbauen, gleichsam den Plan in die Luft hineinzeichnen, dass da auch wiederum vom Fett das Material hineinkommt. Also das Fett dient dazu, dass wir in der richtigen Weise Material in uns haben. Nur kommt das beim Fett in einer ganz besonderen Weise zum Ausdruck.

Sehen Sie, ich habe Ihnen früher gesagt, dass der Mensch ein Ich hat, einen Astralleib, einen Ätherleib und einen physischen Leib. (s. Tafel S. 48, D)

Natürlich, das Fett lagert sich ab im physischen Leib. Aber das Allerwichtigste ist, dass das Fett lebendig bleibt und sich ablagern kann – denn wir müssen ja lebendiges Fett in uns haben. Für dieses Allerwichtigste ist der Ätherleib da, der ist das Wichtigste für die Fettablagerung. Aber der Astralleib wiederum, der ist das Wichtigste für die Empfindung.

Jetzt denken Sie einmal, meine Herren: Wenn einer wach ist, da ist sein astralischer Leib in ihm drinnen, wenn einer schläft, ist der astralische Leib draußen. Wenn nun der

Mensch wach ist und der Astralleib in dem Ätherleib drinnen arbeitet, da wird das Fett fortwährend verarbeitet. Es wird durch das Fett alles im Körper geschmiert.

Wenn der Mensch schläft, also der Astralleib draußen ist, wird das Fett nicht verarbeitet, sondern es lagert sich ab. Beim Wachen wird das Fett fortwährend zum Schmieren benutzt, beim Schlafen wird es abgelagert. Wir brauchen beides, abgelagertes Fett und solches Fett, das den Körper einschmiert.

Wenn einer nun aber fortwährend schläft und nichts tut – früher war das mehr der Fall, jetzt wird es immer seltener, ein Rentier zum Beispiel, nicht wahr, der gar nichts tut –, da lagert sich das Fett auch am Tag ab, beim sogenannten Wachen, das aber eigentlich ein Schlafen ist. Dann kommt der Schmerbauch, denn es kommt eben überall viel abgelagertes Fett.

Also Sie sehen, diese Ablagerung von Fett beim Menschen in der richtigen Weise, die hängt davon ab, dass der Mensch tatsächlich sein Fett auch lebendig verbraucht, denn es wird ja immer erzeugt.

Wer nun gerade so viel isst, wie er verbraucht, bei dem geschieht das Richtige. Wenn einer aber fortwährend isst und nichts verbraucht, dann kommt eben der Schmerbauch.

Das, was ich Ihnen da sage, das wissen instinktiv die Landwirte sehr gut, denn die brauchen das bei den Schweinen. Wenn sie die Fettschweine erzeugen, da muss das herbeigeführt werden, dass diese Tiere eigentlich ihren inneren Körper gar nicht mehr schmieren, sondern alles, was sie genießen, ablagern. Und so muss die Lebensweise dieser Tiere eingerichtet werden.

Es kann natürlich auch sein, dass der Mensch nicht imstande ist, ordentlich Fett abzulagern, dass er also krank ist. Rentiers sind in dieser Beziehung gesund, die lagern das Fett ab. Aber es kann auch daran fehlen, so wie wenn man die Kohlehydrate nicht ablagert und die Sprache heiser wird. So kann es auch sein, dass die Fette nicht richtig abgelagert werden, einfach mit dem Darmkot weggehen.

Und dann haben wir zu wenig Fett, können zu wenig schmieren. Oder wenn wir überhaupt zu wenig Nahrungsmittel haben, hungern müssen, können wir zu wenig schmieren. Das Fett ist ja das eigentliche Material, das wir in den Körper hineinlegen.

Was geschieht denn mit einem Menschen, der entweder hungern muss oder durch seine Verdauung so eingerichtet ist, dass er das Fett nicht ablagern kann, sondern dass es mit dem Darmkot fortgeht? Ein solcher Mensch, der kein Material in seinem Körper hat, der wird immer geistiger.

Aber auf diese Weise geistig zu werden verträgt der Mensch nicht, da verbrennt der Geist. Der Mensch wird also nicht nur immer dürrer und dürrer, sondern es bilden sich Gase in ihm, was zu dem treibt, was man Wahnideen nennt und dergleichen. Und es tritt der Zustand auf, der beim Hunger da ist: der Hungerwahnsinn. Immer ist es eine Zerstörung des Geistes, wenn der Mensch krank ist.

Sodass also, wenn der Mensch zu wenig Fette bekommt, dasjenige auftritt, was man Auszehrung (s. Tafel S. 48, B) nennen kann – Schwindsucht, kann man auch sagen. Er schwindet dahin.

Nun, das *Eiweiß,* sehen Sie, das muss ja sozusagen von allem Anfang an da sein. Das Eiweiß ist ja schon vorhanden als Ei, bevor das Wesen entsteht, das menschliche, auch das tierische Wesen. Sodass wir sagen können: Das Eiweiß, das ist dasjenige, was den Menschen eigentlich bildet, entwickelt. Es ist das Ursprüngliche, was zugrunde liegt.

Aus dem Eiweiß muss sich alles Übrige im Körper erst herausbilden. Das kann man doch verstehen? Sodass man also Folgendes sagen kann: Das Eiweiß muss überhaupt von Anfang an da sein, damit der Mensch entstehen kann.

Die Mutter bildet das Eiweiß in der Gebärmutter aus in Form eines kleinen Klümpchens. Das Ei wird befruchtet, und durch die Befruchtung wird dann dieses Eiweiß fähig, durch die Dinge, die ich Ihnen geschildert habe, zum Menschen gestaltet zu werden. Aber der Mensch braucht natürlich fortwährend Eiweiß. Daher muss in seiner Nahrung fortwährend Eiweiß enthalten sein.

Wenn er zu wenig Eiweiß hat oder wenn er das Eiweiß nicht ordentlich verdauen kann, dann muss er vom Eiweißmangel ausgezehrt werden, was ihn ja auch allmählich tötet. Würde aber der Mensch in einem Augenblick seines Lebens überhaupt kein richtiges Eiweiß haben, so müsste er gleich sterben.

Geradeso wie das Eiweiß zum Entstehen notwendig ist, so ist das Eiweiß auch notwendig, dass der Mensch überhaupt lebt. Sodass wir sagen können: Derjenige, der Eiweiß überhaupt nicht verdauen kann, bei dem würde der Tod eintreten. (s. Tafel S. 48, B)

Jetzt schauen wir uns einmal die einzelnen Nahrungsmittel an:

- Wenn wir *die Salze* anschauen, so werden wir vorzugsweise an den Vorderteil des Kopfes gewiesen. Da drinnen lagern sich die Salze ab.
- Etwas weiter hinten, da lagern sich die *Kohlehydrate* ab und die bewirken, dass wir die menschliche Gestalt haben.
- Dann lagern sich noch weiter hinten *die Fette* ab, füllen von da den Körper aus. Denn die Fette gehen nicht etwa unmittelbar herein in den Körper, sondern gehen vom Blut in den Kopf, und da werden sie erst für den Körper ausgeschlachtet.
- Alles geht durch den Kopf, auch *das Eiweiß*.

Nun ist aber ein großer Unterschied in Bezug auf die Kohlehydrate. Wenn Sie sich so etwas wie Linsen, Bohnen,

Erbsen, Roggen, Korn anschauen, so können Sie sagen: Da werden die Kohlehydrate aus den Früchten gewonnen. Denn das, was wir im Weizen aus der Erde haben, das ist ja die Frucht. Wenn wir Linsen haben, das ist auch die Frucht.

Sehen Sie, *Früchte* haben das Eigentümliche, dass sie schon im Magen und in den Därmen verarbeitet werden und nur die Kräfte nach dem Kopf schicken. Dass Linsen, Bohnen im Gedärm verarbeitet werden, das wissen ja alle aus den eigentümlichen Zuständen, die gerade beim Genuss von Linsen und Bohnen kommen können!

Das alles, Korn, Weizen, Linsen, Bohnen wird in den Gedärmen verarbeitet. Also die Früchte haben hauptsächlich die Eigentümlichkeit, dass sie schon in den Gedärmen ordentlich verarbeitet werden.

Aber bei den *Kartoffeln* können wir ja nicht die Früchte genießen. Wenn wir das, was bei der Kartoffel die Früchte sind, essen würden, so würden wir ja sogar einen Giftstoff bekommen, einen verderblichen Giftstoff. Also bei der Kartoffel ist das so, dass sie uns nicht gestattet, in derselben Weise aufgegessen zu werden wie Linsen, Bohnen, Erbsen und so weiter oder die Feldfrüchte, Roggen, Weizen.

Nun, was genießen wir denn bei der Kartoffel? Ja, das, was unten ist, die Knolle. Und die Knolle, die ist nun dasjenige bei allen Pflanzen, Wurzeln und so weiter, was in den Gedärmen am allerwenigsten verarbeitet wird.

Die Früchte werden in den Gedärmen verarbeitet. Das kann man aber bei der Kartoffel nicht essen, was dort die Früchte sind. Und die Knolle, die ist nicht eine richtige Wurzel, die ist ein Wurzelstock.

Nun wird die Kartoffel also gegessen, kommt in den Magen, in die Gedärme. Da kann sie nicht gleich verarbeitet werden, sondern sie geht jetzt durch das Blut unverarbeitet herauf. Statt dass nun, wenn sie hier in ihre Schicht vom Gehirn kommt, sie schon so fein kommen würde wie Roggen und Weizen und gleich hinuntergeschickt würde in den Körper, muss erst hier im Gehirn die Verarbeitung geschehen.

Sodass also, wenn wir richtiges Roggen- oder Weizenbrot essen, wir das im Magen und in den Gedärmen ordentlich verdauen und wir unserem Kopf nicht mehr zumuten, dass der nun erst die Verdauung besorgen soll, sondern der kann schon die Verbreitung im Körper bewirken.

Wenn wir dagegen Kartoffelbrot oder Kartoffeln überhaupt genießen, dann stellt sich das heraus, dass der Kopf erst zur Verdauung der Kartoffel dienen muss. Wenn aber der Kopf erst zur Verdauung der Kartoffel verwendet werden muss, dann kann er nicht mehr denken, denn zum Denken muss er die Kräfte frei haben, da muss ihm der Unterleib die Kräfte der Verdauung abnehmen.

Sodass also, wenn der Mensch zu viel Kartoffel genießt – was also immer mehr und mehr von dem Zeitpunkt an der Fall war, als die Kartoffel eingeführt wurde und in Europa eine Bedeutung erlangte –, der Kopf immer mehr und mehr für das eigentliche Denken ausgeschaltet wird. Und der Mensch verliert immer mehr und mehr die Fähigkeit, mit seinem Mittelkopf zu denken. Er denkt dann nur mehr mit dem Vorderkopf.

Aber dieser Vorderkopf, der von den Salzen abhängt, der führt immer mehr und mehr dazu, dass man eigentlich bloß ein materialistischer Verstandesmensch wird. Das richtig Geistige kann ja der Vorderkopf gar nicht denken. Gerade durch den Vorderkopf wird man ein richtiger Verstandesmensch.

Die Sache ist daher diese, dass in der Tat das innere Denken in Europa zurückgegangen ist von dem Moment an, wo die Kartoffelnahrung Platz griff.

Nun müssen wir uns klar sein darüber, dass der Mensch nicht nur aus den Kräften, die auf der Erde sind, aufgebaut wird. Das habe ich Ihnen ja fortwährend gesagt, dass der Mensch aus der ganzen Umgebung aufgebaut wird, dass der Mensch ein Geschöpf von Sonne, Mond und Sternen ist.

Wenn der Mensch nun Kartoffeln isst, dann verwendet er seinen Mittelkopf nur dazu, um diese Kartoffeln zu verdauen. Da schließt er sich ab von der Umwelt. Da erkennt er die Umwelt nicht mehr an. Da erklärt er: Das ist alles Wischiwaschi, was da von der Welt gesagt wird, dass da eine Geistigkeit von der Welt herunterkommt.

Und so kann man sagen: Es ist eigentlich der übermäßige Kartoffelgenuss zum großen Teil auch wiederum das, was in der neueren Zeit zum Materialismus getrieben hat.

Natürlich ist die Sache ja so, dass vorzugsweise diejenigen, die nun nicht die Mittel haben, auf die Kartoffel angewiesen sind, weil die Kartoffel eine Zeit lang billig war. Und diejenigen, welche wohlhabend sind, die können sich mehr dasjenige, was auf den Vorderkopf wirkt, kaufen, können also mehr die Speisen würzen und salzen. Die Gewürze wirken ebenso auf den Vorderkopf wie die Salze.

Und die Folge davon ist, dass das nur Verstandesmenschen werden und die anderen sich leicht von den Verstandesmenschen alles vormachen lassen, weil sie ja ihren Kopf nicht mehr zum Denken benutzen können. So hat schon die Kartoffel einen ganz besonderen Bezug zum Geist überhaupt, sie hat eigentlich den Geist materialistisch gemacht.

Wenn wir nun die Gliederung des Menschen betrachten, so müssen wir sagen:

- Der *physische Leib* nimmt zunächst seinen Ursprung aus dem Eiweiß. Dieses Eiweiß hängt mit Geburt und Tod des physischen Menschen zusammen.
- Der *Ätherleib* hat sein hauptsächlichstes Feld in den Fetten.
- Der *Astralleib,* der hat sein hauptsächlichstes Feld in den Kohlehydraten und
- das *Ich* erst in den Salzen.

So können wir sagen: Dasjenige, was im Menschen das *Empfindungsvermögen* ist, das ist der astralische Leib. Es ist ja nicht der physische Leib, wenn ich auf meine Hand schlage und dann empfinde, denn sonst müsste alles, was physisch ist, empfinden. Ich schiebe das Fleisch, den Muskel zurück, dadurch wird das Fleisch im Muskel aus dem Astralleib herausgeschoben und ich empfinde im astralischen Leib. Alles, was innerliche Empfindung ist, ist im astralischen Leib.

Der astralische Leib ist aber darauf angewiesen, dass er richtig arbeiten kann. Ich habe Ihnen gesagt: Wenn der astralische Leib auch bei Tag schläft und nicht richtig arbeiten kann, dann lagert sich der Schmerbauch ab, das Fett. Oder auch das ist der Fall: Wenn der Mensch bloß intellektualistisch mit dem Kopf arbeitet, Verstandesmensch wird, lagert sich auch das Fett ab.

Aber der astralische Leib, der ja zum Beispiel auch in der Sprache wirkt, der braucht die Kohlehydrate nicht bloß im Kopf oben, er braucht die Kohlehydrate im ganzen Körper. Der astralische Leib muss die Beine bewegen, der astralische Leib muss die Hände bewegen. Er braucht die Kohlehydrate im ganzen Körper.

Wenn ich ihm Roggen oder Weizen als Kohlehydrate gebe, dann gehen die Kräfte in den ganzen Körper. Wenn ich ihm bloß Kartoffeln gebe, bleiben die Kräfte da oben im Kopf sitzen und der Mensch wird ausgemergelt, schwach, und sein astralischer Leib kann nicht ordentlich arbeiten.

Sodass gerade das, was im Menschen geistig ist, matt und immer schläfriger wird, wenn er nicht in der Lage ist, Kohlehydrate, die ihn durchdringen, in sich hineinzubringen. Bei der reinen Kartoffelnahrung ist das eben nicht möglich, weil die reine Kartoffelnahrung im Kopf so viel zu tun hat, dass der Körper nichts mehr übrig behält.

Man kann sich fragen: Was tut die Wissenschaft? Nun, die Wissenschaft, die untersucht, wie viel im Eiweiß drinnen enthalten ist von Kohlenstoff, Sauerstoff, Stickstoff, Wasserstoff, Schwefel (s. Tafel S. 48, C) und ähnlichen Dingen noch, aber das sind die hauptsächlichsten. Nun kriegt die Wissenschaft heraus: Im Eiweiß ist soundso viel Kohlenstoff, soundso viel Wasserstoff in Prozenten drinnen, im Fett sind andere Prozente drinnen, in den Kohlehydraten andere Prozente.

Aber die Wissenschaft hat gar keine Idee davon, was diese Stoffe als solche für eine Bedeutung haben, sie kennt nur die Prozente der Bestandteile. Aber damit kann man gar nichts ausmachen. Es sind eben einfach die Bestandteile in der Kartoffel ganz anders drinnen als im Roggen und Weizen. Und man muss wissen, dass wenn man eine Blüte oder eine Frucht isst, dass die in den Gedärmen verarbeitet wird, während wenn man eine Wurzel isst, diese im Kopf verarbeitet wird.

Anders kann man die Sache auch nicht in der Medizin anwenden. Derjenige, der richtig medizinisch denken kann, der weiß, dass wenn er einen Tee aus den Blüten oder Samen, aus den Früchten macht, dass dieser Tee vorzugsweise in den Gedärmen wirkt. Wenn er aber eine Abkochung aus der Wurzel macht und sie teeartig präsentiert, kann man auf den Kopf heilend wirken.

Wenn wir Wurzeln essen, wirkt das eben auf den Kopf, und zwar so, dass es materiell auf den Kopf wirkt. Das ist das ganz besonders Wichtige.

Wir können nun aber weitergehen, wir können sagen: Ja, aber wenn nun der Mensch durch die Kartoffelnahrung nicht nur gewissermaßen ausgemergelt wird, dass er nicht mehr seine Hände und Füße bewegen kann, sondern wenn er so ausgemergelt wird, dass auch diejenigen Dinge nicht mehr regsam sind, die zur Fortpflanzung beitragen, ja dann wird die Sache noch schlimmer.

Nehmen wir also an, die Kartoffelnahrung nimmt so überhand, dass das in die weiblichen Fortpflanzungsorgane hineinwirkt, dass die matt werden und abgelähmt werden.

Ja, meine Herren, der Mensch kommt eben nicht bloß von seinen Vorfahren her, sondern er kommt mit dem geistig-seelischen Teil seines Wesens aus der geistigen Welt. Und das verbindet sich mit demjenigen, was von den Vorfahren kommt.

Nun betrachten wir einmal, wie die Sache ist. Ich will

es recht groß, etwas vergrößert aufzeichnen.

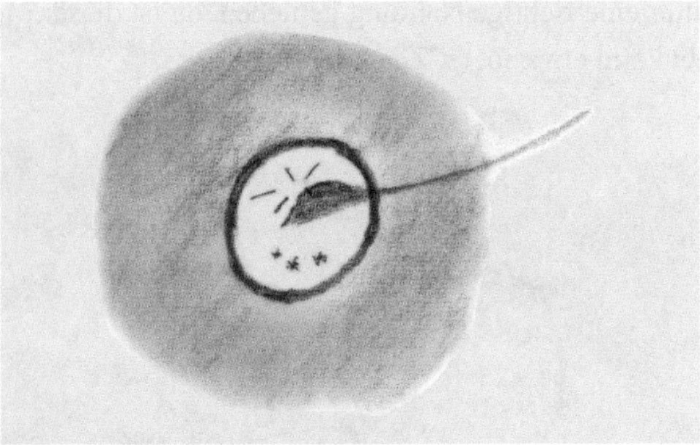

Wir können sagen: Der Mensch entsteht aus der weiblichen Eizelle – das ist also sehr vergrößert gezeichnet. Da herein dringt der männliche Same. Dann bilden sich allerhand sternförmige Figuren da drinnen. Zellen spalten sich ab, die bilden dann nach und nach den menschlichen Körper.

Aber kein menschlicher Körper kann gebildet werden, wenn sich nicht mit dem, was da geschieht, das Geistig-Seelische verbindet, das aus der geistigen Welt herkommt. (Aura um das Ei)

Wenn nun die Sache so liegt, dass die Mutter oder der Vater zu viel Kartoffelnahrung genossen haben, dann bildet sich schon ein solcher Menschenkeim aus, der dazu veranlagt ist, dass der Kopf viel arbeiten muss. Wenn Sie daher einen Menschenkeim anschauen von jemand, der ordentlich mit Roggenbrot und so weiter genährt ist, wo Vater und Mutter eine richtige Nahrung genießen, da ist dieser Menschenkeim etwa so. (s. Zeichnung)

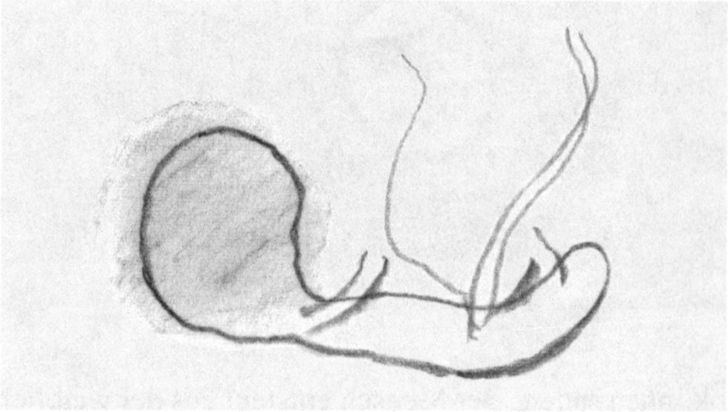

Wenn Sie aber einen Menschenkeim ansehen, wo bei den Eltern zu viel Kartoffelnahrung war, ja, da geschieht Folgendes: Sehen Sie, das andere ist ja im Menschenkeim sehr wenig ausgebildet, vorzugsweise ist die runde Kugel des Kopfes ausgebildet. Das ist im Embryo, im Menschenkeim die Hauptsache, ist also vorzugsweise ausgebildet. Nun, da muss das Geistig-Seelische hereinkommen in den Kopf. Und wenn das Geistig-Seelische in den Kopf hereinkommt, dann muss es mit dem Kopf arbeiten. Noch im Leib der Mutter arbeitet das Geistig-Seelische des Menschen vorzugsweise am Kopf.

Wenn nun dieses Geistig-Seelische im Kopf dasjenige findet, was bei der Ernährung der Mutter von Roggen und Weizen kommt, dann kann das Geistig-Seelische ordentlich arbeiten. (s. Zeichnung, die Striche rechts, die von oben in den Embryo gehen) Denn sehen Sie, die Blüten, in denen ja der Roggen und Weizen und so weiter entstehen, die werden ja auch aus der Erde herausgestreckt, und da geht das Geistige schon bei der Pflanze heran. Damit ist das Geistige verwandt.

Wenn daher das Geistig-Seelische auf dasjenige im Mutterleib auftrifft, was von Früchten kommt, so kann es leicht arbeiten. Trifft aber das Geistige im Mutterleib auf einen Kindeskopf, der vorzugsweise durch die Kartoffelnahrung gebildet wird – nicht wahr, die Kartoffel geht hinunter in die Erde, ist sogar heute von der Erde bedeckt, man gräbt sie aus der Erde aus, sie wächst in der Finsternis, sie hat keine Verwandtschaft zum Geistigen –, findet der Mensch, der aus der geistigen Welt herunterkommt, einen Kopf vor, der eigentlich aus der Finsternis heraus gebildet ist, dann kann er nicht heran, der Geist.

Und die Folge davon ist, dass der Embryo nachher so aussieht – ich zeichne es etwas karikiert –, ein riesiger *Wasserkopf* wird geboren. Denn wenn das Physische wächst und der Geist nicht herankommt, dann wächst und wächst das Physische und der Wasserkopf bildet sich aus. Wenn der Geist herankommen kann, dann dämpft er das Wasser, dann arbeitet der Geist in der Materie, und der Kopf wird ordentlich ausgebildet.

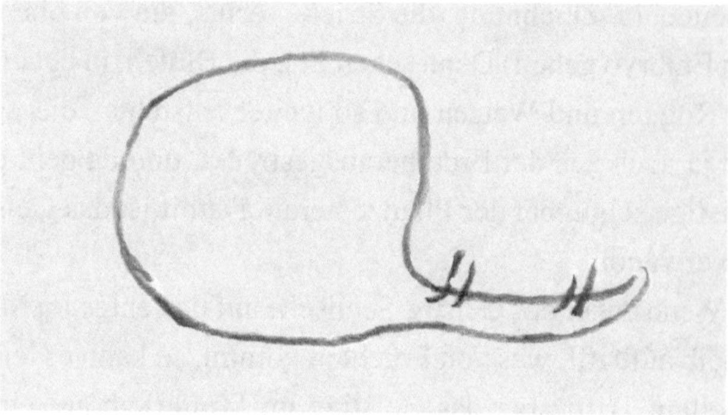

Sodass Sie sehen können: Diese riesigen Wasserköpfe, die oftmals bei den Embryonen bemerkbar sind, die kommen durch die mangelhafte Ernährung zustande, vorzugsweise wieder durch die Kartoffel. Und so haben Sie das, dass nicht nur der Mensch selber ausgemergelt wird, sondern dass der Mensch so geboren wird, dass sein Geistig-Seelisches gar nicht richtig im physischen Leib drinnen ist.

Aber sehen Sie, meine Herren, die Sache ist so: Der Mensch besteht allerdings aus physischem Leib, Ätherleib, Astralleib und Ich. Die sind aber nicht in jedem Lebensalter gleichgeartet. Beim Kind bis zum siebten Jahr, da sind der Ätherleib, der Astralleib und das Ich so, dass sie erst wieder recht untertauchen müssen, die müssen erst ganz hinein in den physischen Leib.

Wenn der Ätherleib ganz hineinkommt in den physischen Leib, kommen die zweiten Zähne. Wenn der astralische Leib ganz hineinkommt in den physischen Leib, dann kommt die Geschlechtsreife.

Wenn daher ein solcher Kopf vorhanden ist, wenn also das Geistig-Seelische durch die Kartoffelnahrung im Mutterleib nicht ordentlich in den physischen Menschen hineinkann, dann wird auch dasjenige gestört, was im 14., 15. Lebensjahr mit dem Menschen geschehen soll.

Der Mensch geht dann überhaupt so durch sein ganzes Leben, als wenn er seinen Körper gar nicht hätte, als wenn der schlapp wäre an ihm. Sodass die Menschen unter dem Einfluss der Kartoffelnahrung schon nicht stark genug für das Leben geboren worden sind.

Sehen Sie, meine Herren, das sind ungeheuer wichtige Dinge! Sie müssen sich nur sagen: Ja, wirklich, die sozialen Verhältnisse hängen noch von ganz anderen Dingen ab als von jenen, die man heute gewöhnlich deklamiert.

Die sozialen Verhältnisse hängen auch davon ab, dass man die Felder ordentlich benutzt, dass man also die Kartoffel nicht mehr anbaut, als die Menschen zu ihrem Starkwerden vertragen. Man muss also auch wirkliche, richtige Naturwissenschaft treiben können, wenn man Sozialwissenschaft treibt. Das ist durchaus nötig.

Bloß davon zu reden: Mehrwert, Kapital und so weiter, das allein nützt nichts.

Denn nehmen Sie einmal an, dem Kommunismus gelänge es, alles Kapital auszurotten, er würde alles selber verwalten. Ja, wenn er von den Bürgerlichen nur eine Wissenschaft gelernt hat, die nicht in der richtigen Weise die Felder zu verwerten weiß, wenn er nicht weiß, dass es schädlicher ist, den Magen mit Kartoffeln anzufüllen als mit Roggen und Weizen, dann hilft alles nichts. Das ist das, was man bedenken muss.

Sodass wir nicht das fortwährende Herumreden von dem oder jenem brauchen, sondern eine wirkliche Wissenschaft, die einsieht, wie der Geist in der Materie wirken kann.

Sehen Sie, daher kommt es ja, dass sozusagen die Geisteswissenschaft fortwährend, ohne dass sie es will, einen *Krieg gegen zwei Fronten* führen muss. Warum?

Nun, da sind die Wissenschaftler von heute, die beschäftigen sich nur mit der Materie, aber nur mit den Prozenten von der Materie – wie viel Kohlenstoff, Sauerstoff, Stickstoff, Wasserstoff im Eiweiß und so weiter enthalten sind. Dadurch lernt man aber gar nichts über die Materie.

Die materielle Wissenschaft kennt gerade die Materie nicht, weil man die Materie erst kennenlernt, wenn man weiß, wie der Geist darin arbeitet.

Hilft es denn, wenn einer sagt: Ich will eine Uhr kennenlernen, ich will mir die Uhr klarzumachen versuchen.

Gut, die Uhr ist aus Silber. Das Silber, das in meiner Uhr ist, das ist in dem Silberbergwerk von da und da gewonnen worden. Dieses Silber ist dann mit Zügen nach der und der Stadt geführt worden. Da ist es abgeliefert worden an die und die Kaufleute und so weiter. Weiter ist in der Uhr ein Porzellanzifferblatt. Porzellan ist dort und dort gewonnen worden, in die und die Stadt gekommen und so weiter und so weiter.

So weiß er gar nichts von der Uhr! Man weiß erst etwas von der Uhr, wenn man weiß, was der Uhrmacher daran getan hat. Und es ist gar nicht wichtig, um zu verstehen, warum eine Uhr geht, dass man weiß, wie das Silber gewonnen wird in den Bergwerken. Aber wichtig ist, dass man weiß, wie die Uhr geht, wie der Uhrmacher daran gearbeitet hat, die Räder zurechtgemacht hat und so weiter.

So ist es eigentlich im Grunde genommen höchst gleichgültig für die Gesundheit und Krankheit des Menschen, abstrakt zu wissen, aus wie viel Kohlenstoff, Sauerstoff, Stickstoff, Fett, Eiweiß, Kohlehydraten und so weiter die Nahrungsmittel bestehen, sondern für die Gesundheit und Krankheit des Menschen ist es wichtig, zu wissen, wie es speziell mit der Kartoffel ist: Sie nährt zum Beispiel die Menschen geistig ebenso wenig, wie sie sie physisch ernährt.

Im Grunde ist das ganz unnötig, was darüber geschrieben ist, man muss nicht die anderen Zwecke wissen. Für die anderen Zwecke kann man ja wissen, wie es mit Silberminen ist und so weiter. Aber zum Verständnis des gesunden und kranken Menschen ist diese Wissenschaft unwichtig. Doch sie merkt gar nicht, was ihr fehlt. Wenn also die Geisteswissenschaft° kommt und hinzufügen will, was ihr fehlt, dann bekämpft man sie.

Und so entstand die eine Kampffront nach dem Materialismus hin. Dort wird gesagt: «Nun, diese Anthroposophie will alles ‹fantastisch› erklären!». Die Wissenschaft wirft der Anthroposophie ihren Geist vor. Das ist die eine Front.

Die andere Front, meine Herren, die kommt von der Theologie, von den Vertretern der Religion und so weiter. Auf der Seite redet man dem Menschen viel davon, wie die Seele in den Himmel kommt. Und man redet ja allerdings davon, dass man durch Beten und Sakramente und so weiter in den Himmel kommt. Nun, schön.

Aber wenn einer in der physischen Welt so drinnen steht, dass er überhaupt seinen Körper gar nicht hat, also in der physischen Welt gar nicht in die richtige Beziehung zum Erdenleben kommt, dann findet er sich nach dem Tod außerordentlich schwer zurecht. Das sagen ihm die Leute nicht. Es ist durchaus notwendig, dass man ein lebenspraktischer Mensch wird und weiß, wie man die Materie ergreifen muss.

Sodass man sagen kann: Ja, Religion, Theologie reden

heute den Leuten von allerlei. Aber das alles reicht nicht hin, um den Menschen im irdischen Leben wirklich so stark zu machen, dass er dann durch solche Vorbereitung sich später auch zurechtfindet. Denn durch alles das, was zum Beispiel kenntnisloses Beten ist, wird ja der Mensch gerade abgelenkt von dem, was er für sein gesundes Leben wissen soll.

Sie werden kaum von der Kanzel jemals verkündigen gehört haben, wie man es halten muss, damit der Mensch mit der Kartoffel- oder mit der Weizennahrung stark wird! Wenigstens werden Sie nicht gefunden haben, dass die meisten Pastoren und Priester großen Wert darauf legen, von der Kanzel herunter dem Menschen zu verkündigen, wie es sich mit der Roggen- und Weizennahrung in Bezug auf seine Gesundheit verhält. Das betrachten sie als eine Nebensache, weil sie sagen: Das ist etwas Unheiliges! Heilig ist nur, wenn man betet oder über das Evangelium und ähnliche Dinge redet.

Aber das göttliche Wirken ist nicht nur da, wo man Gebete spricht oder wo über das Evangelium geredet wird, sondern in der ganzen Natur. Das Geistige wirkt auch da drinnen.

Wenn der Mensch die Geistigkeit nicht in seinen Kopf einlässt, weil dieser ihn durch die Kartoffel zu stark in Anspruch nimmt, dann ist es so, dass der Mensch sehr schön beten kann, wenn er aber zu viel Kartoffeln isst, so hat sein Gebet keinen Zweck mehr, denn er wird wieder vom Geistigen weggeleitet. Aber das merken die Leute wiederum nicht.

Ebenso ist es, dass Gott die Erde nicht als einen Kloß gefunden und aus ihr die Dinge gemacht hat, sondern dass tatsächlich bis ins Einzelnste hinein das göttliche Wirken überall drinnen ist und gesucht werden muss. Aber wenn man das tut, nennen einen die Theologen und Religionsleute «materialistisch».

Und so wird man von denjenigen, die Wissenschaftler sind, fantastischer Spiritualist genannt; von denjenigen, die Theologen sind, wird man Materialist genannt.

An dieser Art kann sich ja schon zeigen, wie wertvoll die Dinge sind. Gerade so wertvoll wie es 1908 war, als die Anthroposophie bekämpft worden ist, indem man gesagt hat: Die Anthroposophie ist jesuitisch. Damals hat man behauptet, die Anthroposophen werden eigentlich von ihren Führern dem Jesuitismus ausgeliefert. Mittlerweile hat sich das Blatt gewendet: Heute sagen die Jesuiten, die Anthroposophen würden an die Freimaurer ausgeliefert. Sehen Sie, so kommt das immer zustande!

Aber um das handelt es sich nicht, sondern darum, dass man wirklich eine Wissenschaft gewinnt, die sagen kann, warum im Mutterleib ein Wasserkopf entsteht, statt eines richtig ausgebildeten Kopfes.

Nun, meine Herren, Sie werden sagen: «Es gehen doch nicht alle Leute mit einem Wasserkopf herum!»

Gewiss nicht, denn natürlich wirken da wieder die anderen Kräfte dagegen, und der Kopf ist dann, wenn er geboren wird, nicht mehr so groß wie im Embryo. Er kann sogar dabei klein werden und kann doch ein «Wasserkopf» sein.

Aber das Wesentliche ist, dass seit der Einführung der Kartoffelnahrung die Köpfe im Mutterleib immer viel zu groß sind. Nachher werden sie zusammengeschoben.

Aber gerade das Zusammenschieben vor der Geburt, das wirkt auf sie schädigend, weil sie dann nicht imstande sind, Richtiges aufzunehmen, sondern einzig und allein das Wasser. Beim geborenen Menschen sieht man den Wasserkopf nicht mehr bloß an der Größe. Gewiss, der eigentliche Wasserkopf ist von der Größe abhängig, aber es handelt sich vorzugsweise darum, ob Wasser in der richtigen Weise wirkt, ob noch etwas anderes wirken kann.

Und das ist ebenso wichtig zu wissen wie alles Übrige, was auf der einen Seite durch Wissenschaft oder auf der anderen Seite durch Theologie und Religion in die Menschheit kommt. Aber es ist schon notwendig, dass man gerade ordentlich auf die Sachen hinschaut.

Sehen Sie, wie wird denn eigentlich die Geisteswissenschaft behandelt? Da ist vor einiger Zeit in Berlin eine Art Kongress derjenigen Leute abgehalten worden, die sich «nichtanthroposophische Kenner der Anthroposophie» nennen. Sie behaupten, sie seien keine Anthroposophen, aber sie würden die Anthroposophie kennen.

Nun, da hat besonders ein Mensch geredet, der einmal hier war, aber abgesprungen° ist, ein gewisser Dr. Gösch. Dieser Dr. Gösch hat vor Pastoren, Lizentiaten, Professoren geredet. Und jetzt, nicht wahr, jetzt machen die Leute überall Vorträge gegen Anthroposophie – aus dem, was da dieser Dr. Gösch den Leuten erzählt hat.

Sie werden nun sagen: Diese Pastoren, Lizentiaten, Professoren, die haben eben aus dem, was ihnen der Dr. Gösch gesagt hat, die Überzeugung gewonnen, dass die Anthroposophie sehr schädlich ist.

Aber, meine Herren, beachten Sie bitte, was im Gehirn etwa eines heutigen Pastors, eines Professors oder Lizentiaten drinnen ist. Und dann hören Sie, was der Dr. Gösch den Leuten gesagt hat. Der hat gesagt: «Die Anthroposophie, die ist deshalb besonders schädlich, weil die Anthroposophen betrogen werden. Denn Frau Dr. Steiner und Dr. Steiner, die haben eigentlich vor, von der Erde ein Stück abzuspalten, es von der Erde abzutrennen und einen eigenen Planeten zu bilden und mit all den Anthroposophen zusammen im Weltall eine Planeten-Kolonie zu begründen.»

Das hat dieser Dr. Gösch den erleuchteten Leuten vorgeredet! Nun können Sie sich denken, dass keiner von denen an das ja wirklich glaubt. Aber er tut so, als ob er durch diese Rede von der Schädlichkeit der Anthroposophie überzeugt worden wäre.

Nun denken Sie, was für eine Verrücktheit darin steckt. Aber dieselben erleuchteten Leute, die sitzen ja nicht nur bei dieser Versammlung, sondern am nächsten oder folgenden Tag, da sitzen sie bei allerlei anderen Versammlungen, wo über allerlei Schicksale entschieden wird. Da sind sie natürlich nicht gescheiter als bei den anderen Versammlungen.

Das muss man bedenken – was für Leute eigentlich heute die Welt regieren! Also seien Sie sich klar darüber, dass die Gegnerschaft gegen Anthroposophie eine wirkliche Gegnerschaft gegen die Wahrheit ist. Man will es nicht an den Tag kommen lassen, was in diesen Dingen eigentlich steckt, was alles an Dingen über den Menschen herauskommt. Man sagt: «Die Anthroposophie, die ist etwas Geheimnisvolles.»

Ja, meine Herren, wie soll es denn etwas anderes sein als etwas Geheimnisvolles? Selbstverständlich ist sie etwas Geheimnisvolles, aber sie ist nicht geheimnisvoller, als etwas geheimnisvoll ist, wenn einer einem etwas gestohlen hat und es versteckt hat. Da ist das, bis man es aufgefunden hat, «geheimnisvoll».

So ist auch die Geisteswissenschaft deshalb geheimnisvoll, weil die Wissenschaft und das andere Geistesleben (die Religion) diese Dinge versteckt haben – deshalb ist natürlich die Geisteswissenschaft heute etwas so Geheimnisvolles. Aber es hört ja in dem Moment auf, geheimnisvoll zu sein, wo man es gefunden hat. Sie will gar nichts Geheimnistuerisches sein, aber dasjenige, was die anderen versteckt haben, will sie gerade ans Licht bringen.

Ich muss jetzt nach Wien fahren und werde es Ihnen dann sagen lassen, wann wir fortsetzen können.

(A)		(B)
Eiweiß	—	Tod
Fette	—	Auszehrung
Kohlehydrate	—	Sprache ...
Salze	—	Denken

(C)	(D)
Kohlenstoff	Ich
Sauerstoff	Astralleib
Stickstoff	Ätherleib
Wasserstoff	Phys. Leib
Schwefel	

Zweiter Vortrag

Wurzeln, Kräuter, Früchte. Rohkost und Vegetarismus

Dornach, 31. Juli 1924

Guten Morgen, meine Herren! Hat sich jemand während der langen Zeit nun eine Frage zurechtgelegt?

Herr Burle: Ich möchte Herrn Doktor einmal fragen über die Nahrungsmittel – über Bohnen, gelbe Rüben und so weiter, was die für einen Einfluss auf den Körper haben. Über Kartoffeln hat Herr Doktor ja schon gesprochen. Vielleicht können wir über andere Nahrungsmittel noch etwas hören. Manche Vegetarier essen nicht hängende Sachen wie Bohnen, Erbsen. Wenn man zum Beispiel ein Kornfeld sieht, so gibt das einem auch wieder verschiedene Gedanken über die Brotfrucht, die sehr wahrscheinlich alle Völker der Erde mit Variationen haben.

Rudolf Steiner: Also es wird gewünscht, dass etwas gesprochen werden soll über das Verhältnis der Nahrungsmittel zum Menschen. Nun, da ist es notwendig, dass man sich zunächst klarmacht, worauf eigentlich *das Ernähren* beruht.

Man stellt sich vor, dass das Ernähren darauf beruht, dass der Mensch zunächst seine Nahrungsmittel aufnimmt, durch den Mund in den Magen bringt, dass sie sich dann weiter im Körper ablagern, dass er sie wiederum von sich gibt und sich wieder neu ernähren muss und so weiter.

So einfach ist aber die Sache nicht, sondern die Dinge stehen viel komplizierter da. Und man muss, wenn man verstehen will, in welcher Weise eigentlich der Mensch zu den Nahrungsmitteln steht, sich ja erst einmal klarmachen, welcher Art die Nahrungsmittel sind, die der Mensch unbedingt braucht.

Sehen Sie, dasjenige, was der Mensch braucht, was er unbedingt in sich aufnehmen muss, das ist *Eiweiß*. Eiweiß also braucht der Mensch unbedingt. (s. Tafel S. 80) Wollen wir uns das einmal aufschreiben, damit wir die Sachen zusammenhaben. Also Eiweiß, wie es im Hühnerei zum Beispiel ist, aber nicht nur im Hühnerei, sondern in allen Nahrungsmitteln ist Eiweiß. Also erstens Eiweiß.

Zweitens braucht der Mensch *Fette*. Wiederum sind die Fette in allen Nahrungsmitteln drinnen. Es sind Fette auch in den Pflanzen.

Das Dritte hat einen Namen, der Ihnen weniger geläufig sein wird, den man aber notwendigerweise wissen sollte: *Kohlehydrate*. Das ist das Dritte, Kohlehydrate. Das sind solche Stoffe, wie sie am allermeisten in den Kartoffeln zum Beispiel enthalten sind; aber auch in allen übrigen Pflanzen sind viele Kohlehydrate.

Kohlehydrate sind dadurch ausgezeichnet, dass sie sich,

wenn man sie isst, durch den Speichel des Mundes und durch den Magensaft so langsam in *Stärke* verwandeln. Und Stärke ist etwas, was der Mensch durchaus braucht, aber er isst nicht Stärke, sondern er isst solche Nahrungsmittel, welche Kohlehydrate enthalten. Die verwandeln sich in ihm selber in Stärke. Und dann verwandeln sie sich noch einmal bei der weiteren Verdauung in *Zucker*. Und den Zucker braucht der Mensch. Also in den Kohlehydraten hat er den Zuckergehalt bei sich.

Aber etwas ist noch notwendig für den Menschen: Das sind die *Salze,* die er aufnimmt. Er nimmt sie zum Teil als Zusatz zu den Speisen auf, zum Teil aber sind Salze in allen Speisen schon enthalten.

Wenn wir *das Eiweiß* betrachten, dann müssen wir bei Tier und Mensch den großen Unterschied gegenüber den Pflanzen ins Auge fassen.

Die Pflanzen enthalten auch Eiweiß, sie essen aber kein Eiweiß. Wenn sie aber trotzdem Eiweiß in sich haben, die Pflanzen, woher haben sie das? Sie haben es aus dem Boden, aus der Luft, aus dem Leblosen, dem Mineralischen. Sie können nämlich aus dem Leblosen, aus dem Mineralischen, ihr Eiweiß bereiten. Das kann weder das Tier noch der Mensch.

Der Mensch könnte nicht aus dem Leblosen Eiweiß bereiten, da würde er nur Pflanze sein können, sondern der Mensch muss Eiweiß so in sich aufnehmen, wie es wenigstens die Pflanzen oder auch die Tiere schon zubereitet haben.

Überhaupt braucht der Mensch zu seinem Leben auf der Erde die Pflanzen. Und die Pflanzen, das ist nun das Interessante, die könnten nicht gedeihen, wenn nicht wiederum der Mensch da wäre.

Das ist sehr interessant, meine Herren, das müssen Sie nur richtig ins Auge fassen, dass die zwei wichtigsten Dinge für das Leben sind: der grüne Pflanzensaft in den grünen Blättern, und das Blut auf der anderen Seite. Diesen grünen Pflanzensaft nennt man das «Chlorophyll», das grünliche Blatt. Also das Chlorophyll ist im grünen Blatt enthalten. Und außerdem ist wichtig das Blut. Das ist etwas höchst Eigentümliches.

Sehen Sie, wenn Sie den Menschen betrachten, da atmet der Mensch zunächst. Das Atmen ist auch eine Ernährung. Der Mensch nimmt Sauerstoff aus der Luft auf, er atmet Sauerstoff ein.

In seinem ganzen Körper, überall, ist aber Kohlenstoff abgelagert. Wenn Sie in die Erde hineingeraten, wo ein Kohlenlager ist, so kommen Sie an die schwarze Kohle. Wenn Sie einen Bleistift spitzen, so kommen Sie an den Grafit. Kohle und Grafit, das ist Kohlenstoff. Sie bestehen alle, außer aus anderen Stoffen, im ganzen Körper aus Kohlenstoff, der wird gebildet im menschlichen Körper.

Nun können Sie sagen: Ja, da ist eigentlich der Mensch

ein recht schwarzes Rapunzel in Bezug auf den Kohlenstoff! Aber Sie könnten ja auch noch etwas anderes sagen. Sehen Sie, der teuerste Körper der Welt, der Diamant, besteht ja auch aus Kohlenstoff, nur in einer anderen Gestalt. Also wenn Sie das lieber haben wollen, können Sie auch sagen: Sie bestehen in Bezug auf den Kohlenstoff aus lauter Diamanten. Der dunkle Kohlenstoff, der Grafit des Bleistiftes und der Diamant sind derselbe Stoff.

Wenn die Kohle, die Sie aus der Erde ausgraben, durch irgendeine Kunst durchsichtig gemacht werden kann, dann ist sie Diamant. Also diese «Diamanten» haben wir überall abgelagert in uns. Wir sind ein richtiges Kohlenlager.

Wenn aber der Sauerstoff durch das Blut mit dem Kohlenstoff zusammenkommt, dann bildet sich Kohlensäure. Kohlensäure kennen Sie auch sehr gut: Sie brauchen nur Selterwasser zu nehmen. Da sind die Perlen drinnen, diese sind die Kohlensäure – das ist ein Gas. Wenn Sie sich also vorstellen, der Mensch atmet Sauerstoff mit der Luft ein, so breitet sich der Sauerstoff durch das ganze Blut aus. Im Blut nimmt er den Kohlenstoff auf und atmet die Kohlensäure aus. Ein atmen Sie Sauerstoff, aus atmen Sie Kohlensäure.

Meine Herren, es wäre längst in den Vorgängen, die ich Ihnen in Bezug auf die Entwicklung der Erde geschildert habe, alles durch Kohlensäure vergiftet, denn die Zeit ist ja lang, seit der sich alles auf der Erde entwickelt hat, wie Sie sehen konnten. Längst könnten keine Tiere und Menschen mehr auf der Erde leben, wenn nicht die Pflanzen eine ganz andere Eigenschaft hätten.

Die Pflanzen, die saugen nicht Sauerstoff ein, sondern gerade die Kohlensäure, die der Mensch und das Tier ausatmen. Sodass also die Pflanzen ebenso gierig sind auf die Kohlensäure wie der Mensch auf den Sauerstoff.

Und wenn Sie nun da die Pflanze haben mit Stängel, Blättern und Blüten, so saugt also die Pflanze fortwährend

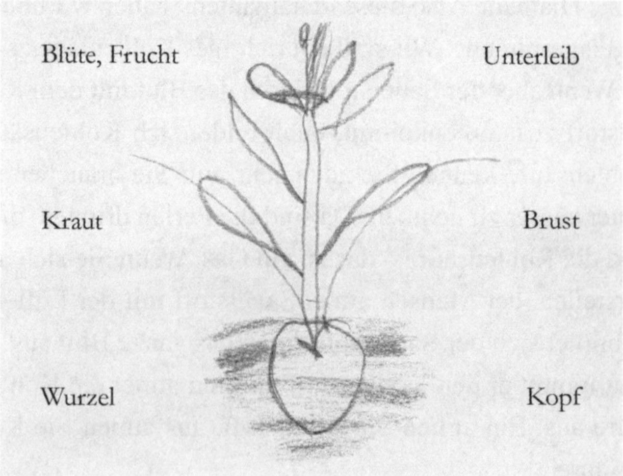

überall Kohlensäure ein. Die geht hinein und setzt jetzt den Kohlenstoff ab, der da in der Kohlensäure drinnen ist – der setzt sich in der Pflanze nieder. Und der Sauerstoff, der wird wiederum von den Pflanzen ausgeatmet. Da haben ihn die Menschen und die Tiere wieder.

Der Mensch gibt Kohlensäure her und tötet alles. Die Pflanze behält den Kohlenstoff zurück, gibt den Sauerstoff frei und belebt damit alles.

Und nichts könnte die Pflanze mit der Kohlensäure machen, wenn nicht der grüne Pflanzensaft, das Chlorophyll, da wäre. Dieser grüne Pflanzensaft, meine Herren, der ist ein Zauberer: Der hält den Kohlenstoff in der Pflanze zurück und gibt den Sauerstoff wieder frei.

Das Blut vermischt den Sauerstoff mit dem Kohlenstoff, der grüne Pflanzensaft nimmt den Kohlenstoff wiederum aus der Kohlensäure heraus und gibt den Sauerstoff frei.

Denken Sie, was das für eine feine Sache ist in der Natur, dass die Pflanzen, die Menschen und die Tiere sich in dieser Weise ergänzen! Sie ergänzen sich vollständig.

Nun muss man das Folgende sagen. Sehen Sie, der Mensch braucht von der Pflanze nicht bloß dasjenige, was sie ihm gibt durch den Sauerstoff, sondern er braucht die ganze Pflanze. Mit Ausnahme der Giftpflanzen und mit Ausnahme solcher Pflanzen, die wenig von diesen dünnen Stoffen enthalten, braucht der Mensch alle Pflanzen, indem er sie nicht durch Atmung, sondern durch Ernährung bekommt. Und da ist ja wiederum ein solch merkwürdiger Zusammenhang.

Sehen Sie, die Pflanze, wenn es eine einjährige Pflanze ist – vom Baum wollen wir jetzt absehen –, die besteht ja aus der Wurzel, aus dem Kraut und aus der Blüte mit Frucht. Nun, schauen wir uns einmal die Wurzel an.

Die *Wurzel,* die ist ja in der Erde drinnen. Sie enthält namentlich viele Salze, weil ja in der Erde die Salze drinnen sind. Und die Wurzel hängt mit ihren feinen Würzelchen an dieser Erde, da zieht sie fortwährend aus der Erde die Salze heraus. Sodass die Wurzel eben dasjenige ist, was mit dem Mineralreich der Erde, mit den Salzen, in besonderer Verbindung steht.

Nun, sehen Sie, meine Herren, verwandt mit der ganzen Erde ist der menschliche *Kopf* – nicht die Füße, sondern gerade der Kopf ist mit der Erde verwandt. Wenn der Mensch im Mutterleib anfängt Erdenmensch zu sein, hat er ja fast nur den Kopf. Beim Kopf fängt er an. Der Kopf ist dem ganzen Weltall, aber auch der Erde nachgebildet.

Und der Kopf, meine Herren, braucht vorzugsweise Salze. Denn vom Kopf gehen die Kräfte aus, die den menschlichen Körper zum Beispiel auch mit Knochen durchsetzen.

Alles dasjenige, was den Menschen fest macht, die Knochenbildung, geht vom Kopf aus. Wenn der Kopf selber noch weich ist, wie im Mutterleib, dann kann er nicht ordentlich Knochen bilden. Erst indem der Kopf selber immer härter und härter wird, gibt er die Kräfte an den übrigen Leib ab, damit der Mensch und die Tiere die festen Dinge, vorzugsweise die Knochen, bilden können.

Daraus sehen Sie schon, dass man die Wurzel, die mit der Erde verwandt ist und Salze enthält – und zum Knochenbilden braucht man Salze, die Knochen bestehen aus kohlensaurem Kalk, phosphorsaurem Kalk, also Salze sind das –, daraus sehen Sie, dass man die Wurzeln braucht, um den menschlichen Kopf zu versorgen.

Also, meine Herren, wenn man zum Beispiel merkt, sagen wir, ein Kind wird schwach im Kopf, woran können Sie das merken?

Man kann es zum Beispiel an entsprechenden Zuständen merken: Wenn ein Kind im Kopf schwach wird, dann kriegt es leicht Würmer im Gedärm. Würmer halten sich im Gedärm auf, wenn die Kopfkräfte zu schwach sind, weil dann der Kopf nicht stark genug in den übrigen Körper herunterwirkt, während die Würmer keine Behausung im Menschen finden, wenn die Kopfkräfte stark in die Gedärme herunterwirken.

Daraus können Sie am allerbesten sehen, wie großartig der menschliche Körper eingerichtet ist: Alles hängt in ihm zusammen.

Und wenn man ein Kind hat, das Würmer hat, da soll man nun nicht gleich sagen: Das Kind ist schwach im Kopf. Man kann auch sagen – namentlich derjenige, der Pädagoge sein will, muss solche Dinge wissen –: Wenn man später im Leben Menschen hat, die kopfschwach sind, so haben sie in der Jugend ihre Würmer gehabt.

Was muss man denn da tun, wenn man das beobachtet? Nun, meine Herren, das Einfachste ist, wenn man *gelbe Rüben* nimmt, Möhren, und füttert die Kinder eine Zeit lang damit – natürlich unter anderem, natürlich darf man sie nicht nur mit gelben Rüben füttern, aber eine Zeit lang mit gelben Rüben, mit Möhren füttern.

Gelbe Rüben, Möhren, sind ja dasjenige, was vorzugsweise Pflanzenwurzel in der Erde ist. Die haben viel Salze, die sind imstande, da sie die Kräfte der Erde haben, wenn sie in den Magen aufgenommen werden, durch das Blut wieder bis in den Kopf zu wirken. Nur salzreiche Stoffe sind fähig, in den Kopf zu dringen. Salzreiche Stoffe, wurzelhafte Stoffe machen den Menschen durch den Kopf stark. Das ist dasjenige, sehen Sie, was außerordentlich wichtig ist.

Und bei den gelben Rüben, bei den Möhren, da ist es so, dass gerade die allerobersten Partien des Kopfes stark werden, also dasjenige, was man gerade für den Menschen braucht, damit er innerlich stark, steif wird, dass er nicht weichlich wird.

Sehen Sie, wenn Sie die Pflanze von einer gelben Rübe anschauen, so werden Sie sich sagen: Der Pflanze sehe ich etwas Bestimmtes an, die ist vorzugsweise zu der Wurzel hingewachsen. Es ist ja fast alles Wurzel an der gelben Rübe. Man interessiert sich nur für die Wurzel, wenn man die Pflanze hat, das andere, das Kraut, ist nur so obenauf, hat nicht viel Bedeutung. Also diese gelbe Rübe ist vorzugsweise geeignet, den menschlichen Kopf als ein Nahrungsmittel zu versorgen.

Wenn Sie daher manchmal fühlen, Sie haben so einen schwachen Kopf, eine Kopfschwäche, eine Leere im Gehirn, Sie können nicht gut denken, dann ist es auch gut, wenn Sie sich einmal eine Zeit lang gelbe Rüben in die Nahrung tun. Aber am meisten hilft dies natürlich bei den Kindern.

Nun, wenn Sie jetzt aber die gelbe Rübe mit der *Kartoffel* vergleichen – sehen Sie, die schaut ganz anders aus als die gelbe Rübe. Sie wissen ja, die Kartoffel, sie hat Kraut, aber sie hat dann gerade das, was man isst, nämlich diese Knollen. Die stecken in der Erde drinnen. Nun kann man, wenn man oberflächlich die Sache betrachtet, sagen: Bei der Kartoffel sind diese Knollen die Wurzeln. Das ist aber nicht wahr, diese Knollen sind keine Wurzeln.

Wenn Sie nämlich genauer zuschauen, so werden Sie überall sehen: Da hängen eigentlich erst die Wurzeln dran an den Knollen in der Erde. Die eigentlichen Wurzeln sind kleine Würzelchen, die an der Knolle dranhängen (s. Zeichnung auf der nächsten Seite), sie fallen nur leicht ab. Wenn man sie aus dem Boden herausgenommen hat, die Kartoffeln, sind sie schon abgefallen. Aber wenn man sie ganz frisch herausnimmt, sind sie oft noch überall dran.

Wenn wir die Knollen nehmen und essen, haben wir schon so etwas wie Stängel oder ein Kraut, das sich nur

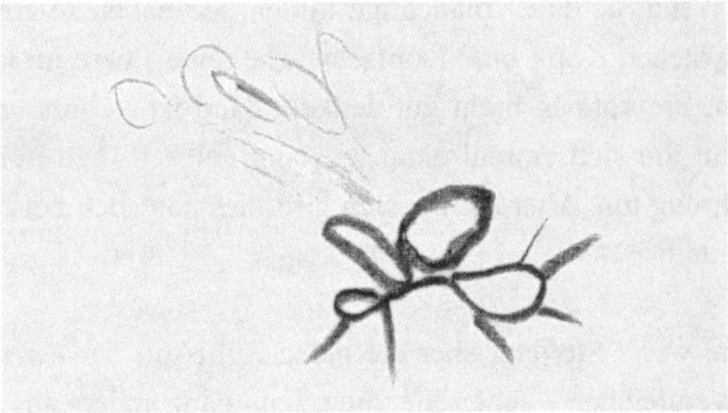

scheinbar wie Wurzeln ausnimmt. In Wirklichkeit sind es ein Stängel oder ein Kraut, die umgestaltete Blätter sind.

Das ist also etwas, was zwischen der Wurzel und dem Kraut drinnen ist. Daher hat die Kartoffel nicht so viel Salze in sich wie zum Beispiel die Rübe, ist nicht so erdenhaft. Sie wächst zwar in der Erde, aber sie ist nicht so verwandt mit der Erde. Und die Kartoffel, die hat vorzugsweise *Kohlehydrate* – nicht so viel Salze, aber Kohlehydrate.

Sie müssen sich jetzt Folgendes sagen: Wenn ich gelbe Rüben esse, so kann mein Körper eigentlich ein richtiger Faulenzer sein, denn er braucht nur den Mundsaft, den Speichel zu verwenden bei der gelben Rübe, um sie im Speichel aufzuweichen. Er braucht nur den Magensaft, das Pepsin, und so weiter zu verwenden, und die ganz wichtige Sache von der gelben Rübe geht in den Kopf.

Der Mensch braucht die Salze. Diese Salze werden geliefert durch alles das, was Pflanzenwurzel ist, und im besonderen Maß von einer solchen Wurzel wie der gelben Rübe.

Wenn der Mensch aber nun Kartoffeln isst, gibt er sie auch zunächst in den Mund, in den Magen. Da wird aus der Kartoffel durch die Anstrengung des Leibes erst Stärke gebildet. Dann geht es weiter in den Darm, bei weiterer Verdauung bis ins Blut hinein und kann dann auch in den Kopf kommen. Bei weiterer Anstrengung, wenn aus der Stärke Zucker gewonnen wird, dann erst kann es in den Kopf hineingehen. Da muss man also eine größere Kraft anwenden.

Ja, sehen Sie, meine Herren, wenn ich auf etwas Äußerliches eine Kraft anwenden muss, dann werde ich schon schwach. Das ist ja das Geheimnis des Menschen: Wenn ich Holz hacke, wenn ich also äußerlich eine Kraft anwende, dann werde ich schwach.

Wenn ich aber innerlich eine Kraft in mir dadurch ausbilde, dass ich Kohlehydrate in Stärke, Stärke in Zucker verwandle, da werde ich stark. Gerade weil ich das ausführe, dass ich mich selber mit Zucker durchsetze, dadurch, dass ich Kartoffeln esse, werde ich stark.

Äußerliche Kraftanwendungen machen mich schwach,

wenn ich innerlich Kraft anwende, werde ich stark. Es kommt also nicht darauf an, sich mit den Nahrungsmitteln nur auszufüllen, sondern darauf, dass die Nahrungsmittel im Körper *Kräfte* entwickeln.

Sodass man also sagen kann: Wurzelnahrung – denn alle Wurzeln sind so, nur nicht in demselben Maße wie die Rübenwurzel, dass sie auf den Kopf wirken –, Wurzelnahrung, die gibt dem Körper dasjenige, was er für sich braucht. Nahrung, die schon ein bisschen nach dem Kraut neigt, die Kohlehydrate hat, die gibt dem Körper Kräfte, die er zum Arbeiten braucht, zur Bewegung braucht.

Nun, über die Kartoffel habe ich schon gesprochen: Sie macht den Menschen zugleich, indem sie wiederum furchtbar viel Kraftaufwand braucht, wiederum schwach. Sie macht ihn vor allen Dingen so, dass er nicht auf die Dauer Kräfte bekommt. Aber das Prinzip, das ich Ihnen gerade jetzt auseinandergesetzt habe, gilt gerade eben für die Kartoffel.

Aber in demselben Maße wie die Kartoffel im schlechteren Sinne sind alle *Saatfrüchte* im guten Sinne Nahrungsmittel: Weizen, Korn, Roggen und so weiter. Da drinnen sind nun auch die Kohlehydrate, sodass der Mensch in der günstigsten Weise Stärke bereitet, Zucker bereitet, sich also eigentlich durch die Kohlehydrate der *Feldfrüchte* so stark machen kann als es nur möglich ist.

Denken Sie nur einmal, wie stark die Leute auf dem Land gerade dadurch werden, dass sie einfach viel von ihrem Brot essen, wo die Feldfrüchte drinnen sind! Sie müssen nur an sich schon gesunde Körper haben. Gerade wenn man *gröberes Brot* verträgt, ist es eigentlich die allergesündeste Nahrung. Sie müssen gesunde Körper haben, aber dann wird der Körper gerade durch die Stärke- und Zuckerbereitung ganz besonders stark.

Nun entsteht ja eine Frage. Sehen Sie, die Menschen sind ganz von selber, möchte man sagen, in ihrer Entwicklung darauf gekommen, die Feldfrüchte nicht so zu essen wie die Tiere. Das Ross frisst seinen Hafer, fast wie er wächst. Die Tiere fressen ihre Körnerfrüchte, so wie sie wachsen. Die Vögel würden schlecht Körnerfrüchte essen können, wenn sie darauf angewiesen wären, dass sie ihnen jemand erst kochte!

Die Menschen sind von selber darauf gekommen, sich die Feldfrüchte zu *kochen*.

Meine Herren, was geschieht denn dadurch, dass ich die Feldfrüchte koche? Sehen Sie, dadurch, dass ich die Feldfrüchte koche, genieße ich sie nicht kalt, sondern warm.

Nun müssen wir, wenn wir die Nahrung innerlich verarbeiten wollen, Wärme aufwenden. Das geht nicht ohne Wärme ab, meine Herren, dass man Kohlehydrate in Stärke und Zucker verwandelt, das bedarf eines innerlichen Heizens. Wenn ich nun schon außen heize und die Nahrungsmittel schon warm mache, dann komme ich dem Körper zu Hilfe, dann braucht er nicht die Wärme von sich selber abzugeben.

Also erstens werden die Nahrungsmittel dadurch schon in den Feuer-, in den Wärmeprozess aufgenommen, dass man sie kocht. Das ist das Erste. Das Zweite ist aber, die Nahrungsmittel werden da ganz verändert. Denken Sie nur, was aus dem Mehl gemacht wird, wenn ich es zu Brot verbacke. Es wird ja ganz anders! Aber durch was wird es anders?

Nun, zunächst mahle ich die Früchte. Was heißt *mahlen?* Ganz klein machen. Ja, sehen Sie, das was ich da tue mit den Körnerfrüchten, dass ich sie mahle, ganz klein mache, das müsste ich ja später in meinem eigenen Leib tun. Alles das, was ich da mache, müsste ich in meinem eigenen Leib tun. Das nehme ich dem Leib ab. Ebenso, wenn ich sie *röste.*

Alle diese Dinge, die ich beim Kochen ausführe, die nehme ich dem Leib ab, sodass ich die Nahrungsmittel in einen Zustand bringe, in dem der Körper sie leichter verdaut.

Sehen Sie, Sie brauchen ja nur zu vergleichen, was für ein Unterschied bestehen würde, wenn der Mensch rohe Kartoffeln essen würde oder wenn er sie gekocht isst. Wenn der Mensch rohe Kartoffeln essen würde, da müsste der Körper ungeheuer viel Wärme aufbringen, hergeben, um diese rohe Kartoffel, die fast schon Stärke ist, in Zucker und so weiter umzuändern. Das, wie er sie jetzt umändert, das ist aber nicht ausreichend. Die Kartoffel geht dann in den Darm, der Darm muss wiederum viel Kraft aufwenden. Dadurch aber bleibt die Kartoffel überhaupt im Darm stecken. Die späteren Kräfte sind nicht mehr geeignet, die Kartoffel weiterzuleiten in den übrigen Körper.

Isst man also rohe Kartoffeln, so füllt man sich entweder bloß den Magen an – und der Darm kann schon nicht mehr weiter was damit anfangen – oder man füllt sich den Darm an, aber weiter geht es nicht. Bereitet man aber die Kartoffel vor, indem man sie kocht oder irgendwie anders zubereitet, hat der Magen nicht mehr so viel damit zu tun, der Darm auch nicht. Die Kartoffeln gehen über ins Blut und gehen bis in den Kopf.

Also Sie sehen, man hat die Möglichkeit, dadurch, dass man die Speisen kocht, insbesondere diejenigen Speisen kocht, welche auf die Kohlehydrate berechnet sind, die Ernährung zu unterstützen.

Sie wissen ja, in der neueren Zeit sind allerlei Narrheiten gekommen, besonders in Bezug auf die Ernährung. Die Narrheiten sind ja heute eigentlich Mode. Da gibt es *Rohköstler,* die wollen überhaupt nichts mehr kochen, die wollen durchaus alles bloß roh essen, natürlich.

Aus was kommt so etwas? Weil die Leute aus der materialistischen Wissenschaft nicht mehr wissen, wie die Sachen sind, und eine geistige Wissenschaft wollen sie nicht kennenlernen. Daher denken sie sich so etwas aus.

Die ganze Rohköstlerei ist nichts als eine Fantasterei! Eine Zeit lang kann man schon, weil der Körper starke Kräfte aufwenden muss, ich möchte sagen, den Körper aufpeitschen, wenn man bloß Rohkost benutzt. Aber umso mehr fällt er dann zusammen.

Nun, meine Herren, kommen wir jetzt zu den *Fetten* überhaupt. Die Pflanzen, fast alle Pflanzen, enthalten Fette, Pflanzenfette, die sich die Pflanzen aus den Mineralien bereiten. Ja, sehen Sie, die Fette, die kommen nicht so leicht in den menschlichen Kopf hinein wie die Kohlehydrate und die Salze.

Die Salze werden eigentlich gar nicht verändert. Wenn Sie sich Ihre Suppe salzen, geht das Salz, das Sie da hineintun, fast unverändert in Ihren Kopf als Salz hinauf, Sie kriegen das in den Kopf hinein. Wenn Sie aber Kartoffeln essen, so kriegen Sie in Ihren Kopf schon nicht mehr Kartoffeln hinein, sondern Sie kriegen Zucker, aber die Verwandlung geht so vor sich, wie ich es Ihnen gesagt habe.

Bei den Fetten aber, gleichgültig, ob Sie pflanzliche oder tierische Fette essen, da geht die Sache nicht so einfach. Bei den Fetten ist es so: Wenn Sie Fette essen, dann werden sie in dem Mundsaft, im Magensaft, im Darmsaft überhaupt fast ganz aufgegessen, und es geht etwas ganz anderes in das Blut über. Und das Tier und der Mensch müssen sich durch die Kraft, welche die Fette im Darm und im Blut hervorrufen, nun selber erst die Fette bilden.

Sehen Sie, das ist der Unterschied zwischen Fett und Zucker oder so etwas wie Salz. Salz und Zucker nimmt der Mensch eigentlich noch aus der Natur auf, nur dass er sich den Zucker aus der Kartoffel oder aus dem Roggen und so weiter verwandelt. Da hat er noch etwas von der Natur drinnen.

Bei dem Fett, das der Mensch oder das Tier in sich hat, ist nichts mehr Natur, das hat er sich selber gebildet. Aber er hätte keine Kraft, wenn er sich nicht ernähren würde, denn Darm und Blutansatz brauchen Fett.

Sodass man sagen kann: Salze könnte der Mensch nicht selber bilden. Der menschliche Körper würde, wenn er nicht Salze aufnehmen würde, niemals sich von selber Salze bilden. Wenn der Mensch nicht Kohlehydrate aufnehmen würde, wenn er nicht Brot oder so etwas essen würde, wodurch er Kohlehydrate aufnimmt, würde er nicht Zucker bilden können.

Wenn er aber nicht Zucker bilden könnte, würde er ewig ein Schwachmatikus sein. Das verdanken Sie nur dem Zucker, meine Herren: Nur weil Sie durch und durch voll Süßigkeit sind, haben Sie Kraft. In dem Augenblick, wo Sie nicht mehr durch und durch voll Süßigkeit wären, würden Sie keine Kraft mehr haben, würden zusammensinken.

Das geht, sehen Sie, bis in die Völker hinein. Wir haben Völker, welche wenig Zucker verzehren und auch wenig Stoffe, die Zucker bereiten. Das sind schwache Völker in Bezug auf ihre physische Kraft. Wir haben Völker, die viel Zucker essen: Das sind starke Völker.

Aber so lebt ja der Mensch mit den Fetten nicht. Wenn der Mensch Fette in sich hat – das Tier auch –, so ist das ein eigenes Verdienst von ihm, nämlich von seinem Körper. Die Fette sind ganz sein eigenes Produkt. Sodass also der Mensch das, was er an Fetten von außen durch Pflanzenfette, durch tierische Fette in sich aufnimmt, schon vernichtet. Und in der Überwindung der Fette entwickelt er jetzt die Kraft.

- Bei den *Kohlehydraten* – bei der Kartoffel, beim Roggen, beim Weizen –, da entwickelt der Mensch seine Kräfte, indem er die *Stoffe verwandelt.*
- Bei den *Fetten,* die er isst, entwickelt er die Kraft, indem er die *Stoffe vernichtet.*

Wenn ich von außen irgendetwas vernichte, werde ich wieder müde und matt. Wenn ich aber im Inneren ein ganz fettes Beefsteak vernichte, werde ich dadurch auch schwach, aber diese Vernichtung des ganz fetten Beefsteaks oder die Vernichtung von Pflanzenfett, das gibt mir wiederum Kraft, dass ich das eigene Fett entwickeln kann, wenn mein Körper dazu veranlagt ist.

So sehen Sie also, dass die Fettnahrung auf ganz andere Art auf den Körper wirkt als die Kohlehydratenahrung.

Der menschliche Körper ist ja recht kompliziert, und man muss schon sagen, meine Herren: Das, was ich Ihnen da erzähle, das ist eine große Arbeit. Es muss viel geschehen im menschlichen Leib, dass er diese Pflanzenfette vernichten kann.

Nehmen wir jetzt aber an, der Mensch genießt Kraut, also von der Pflanze *das Krautartige*. Es ist schon so: Wo das Krautartige genossen wird, da ist dasjenige da, was der Mensch namentlich an Fetten von der Pflanze bekommt.

Wodurch ist denn der Halm, also ein Halm, ein so hartes Zeug? Weil er die Blätter umbildet, sodass sie zu Kohlehydraten werden. Wenn aber die Blätter grün bleiben – je grüner sie sind, desto mehr geben sie eben fettige Substanz.

Sodass also der Mensch, wenn er Brot isst, vom Brot nicht viel Fett aufnimmt in sich. Er nimmt zum Beispiel von dem, was, sagen wir, Brunnenkresse ist, diese kleine Pflanze mit den ganz kleinen Blättern, mehr Fett auf, als wenn er Brot isst.

Es ist dadurch das Bedürfnis entstanden, dass man das Brot mit Butter, mit etwas Fett isst, nicht für sich, oder die Landleute essen es zum Beispiel mit Speck und so weiter, was ja wiederum Fett ist. Da ist dann für zweierlei gesorgt.

Wenn ich Brot esse, so geht das Brot dadurch, dass das

Wurzelhafte der Pflanze bis in den Halm hinaufgeht – denn der Halm, der hat die Wurzelkräfte, obwohl er Halm ist und oben in der Luft wächst, gerade in sich –, bis in den Kopf hinauf. Es kommt nicht darauf an, ob etwas oben in der Luft ist, sondern ob es wurzelhaft an sich ist.

Aber das Blatt, das grüne Blatt, ist nicht wurzelhaft. Drunten in der Erde entsteht kein grünes Blatt. Im Herbst, wo die Sonnenkräfte nicht mehr stark wirken, da kann der Halm ausreifen – gegen den Spätsommer und Herbst zu. Aber die stärksten Triebkräfte der Sonne braucht das Blatt, wenn es reifen soll, das wächst der Sonne zu.

Sodass wir sagen können: Das Kraut, das wirkt vorzugsweise auf *Lunge und Herz,* während also die Wurzel den Kopf stark macht und auch noch die Kartoffel so ist, dass sie eigentlich bis zum Kopf kommt. Wenn wir das Kraut essen, das uns vorzugsweise Pflanzenfette gibt, dann machen wir uns in Herz und Lunge stark, im mittleren Menschen, im Brustmenschen.

Das ist, möchte ich sagen, das Geheimnis der menschlichen Ernährung:

- Will ich auf meinen *Kopf* wirken, dann bereite ich mir *Wurzel-* oder *Halm*nahrung oder so etwas zu.
- Will ich auf *Lunge und Herz* wirken, mache ich mir *Salat* und so weiter.

Weil aber diese Dinge schon im Darm vernichtet werden

und nur die Kräfte wirken, braucht man da nicht so viel zu kochen. Daher werden die Blätter zu Salaten gemacht. Aber alles das, was im Kopf wirken soll, das kann nicht zu Salaten gemacht werden, das muss verkocht werden.

Gekochte Nahrung wirkt vorzugsweise bis in den Kopf. Salatartige Nahrung wirkt vorzugsweise hinein in Lunge, Herz und so weiter, aufbauend, also ernährend, und zwar durch die Fette.

Nun ist es so, meine Herren, dass man nicht nur auf den Kopf und auf den mittleren, den Brustmenschen wirken muss, sondern der Mensch muss ja auch die *Ernährungsorgane* selber aufgebaut haben. Er braucht einen Magen, ein Gedärm, er braucht Niere, Leber, und er muss also die Nahrungsorgane selber aufgebaut haben.

Nun ist das Interessante: Zum Aufbauen der Nahrungsorgane braucht der Mensch gerade das *Eiweiß* als Ernährung, das Eiweiß in den Pflanzen, und zwar vorzugsweise wie es in den Pflanzen enthalten ist in der Blüte und namentlich in der Frucht selber. Sodass wir sagen können:

- Die *Wurzel* ernährt vorzugsweise den *Kopf;*
- das, was in der Mitte der Pflanze ist, das *Kraut,* das ernährt vorzugsweise die *Brust* und
- das, was in den *Früchten* ist, den *Unterleib.*

Schauen wir also auf unsere Saatfelder, so können wir sagen: Gut, dass die da sind, denn davon wird unser Kopf genährt.

Schauen wir auf den Salat, den wir anpflanzen, auf alles dasjenige, was wir in den Blättern essen, was wir nicht zu kochen brauchen, weil es schon in den Därmen verdaut werden kann, weil es nur auf die Kräfte ankommt, dann bekommen wir alles das, was uns unsere Brustorgane erhält.

Aber gucken wir hinauf auf die Pflaumen, Äpfel, *Früchte,* die an den Bäumen wachsen: Ja, sehen Sie, da brauchen wir nicht viel zu kochen, denn die werden schon im ganzen Sommer von der Sonne selber ausgekocht. Also da wird schon die innere Reifung bewirkt – anders als bei dem, was also nicht von der Sonne ausgereift wird, sondern verdorrt, wie Halme und so weiter.

Bei den Früchten, da brauchen wir nicht zu kochen, sondern nur wenn wir einen schwachen Organismus haben, der im Darm die Früchte nicht vernichten kann, dann müssen wir kochen, Kompotte machen und dergleichen. Also gerade wenn jemand Darmkrankheiten hat, muss er dafür sorgen, dass er die Früchte in Kompottform bekommt: als Brei, Mus und so weiter.

Aber wenn einer ein ganz gesundes Verdauungssystem hat, ein ganz gesundes Darmsystem, dann sind die Früchte gerade dazu da, den Unterleib aufzubauen, und zwar durch das, was sie an Eiweiß in sich haben. *Eiweiß in den Pflanzenfrüchten* baut Ihnen Ihren Magen auf, baut alles dasjenige auf, was der Mensch im Unterleib als Ernährungsorgane selber hat.

Sehen Sie, was für ein Instinkt eigentlich immer da war: Die Menschen haben natürlich dies, was ich Ihnen auseinandersetze, nicht immer so mit Begriffen gewusst, aber sie haben es aus dem Instinkt gewusst. Daher haben sie sich eigentlich immer eine *gemischte Nahrung* zubereitet aus Wurzeln, Kraut und Früchten, haben alle diese Dinge gegessen. Auf die Mengen, die man vom einen oder vom anderen braucht, sind sie auch aus dem Instinkt gekommen.

Nun wissen Sie aber, dass die Menschen nicht bloß Pflanzen essen, sondern auch Tiere, Fleisch von Tieren, Fett von Tieren genießen und so weiter.

Sehen Sie, Geisteswissenschaft ist nirgends dazu da, fanatisch oder sektenhaft aufzutreten, sondern nur um zu sagen, wie die Dinge sind. Und man kann nicht sagen, dass der Mensch nur Pflanzen essen soll oder auch Tierisches essen soll und so weiter, sondern man muss Folgendes sagen.

Es gibt einfach Menschen, die können durch alle die Kräfte, die sie in sich durch die Vererbung haben, nicht so viele Kräfte aufbringen, dass sie all die Arbeit verrichten können, um Pflanzenfette so weit zu vernichten, dass die Kräfte wiederum im Leib entstehen, um eigenes Fett zu erzeugen. Sehen Sie, wer nur Pflanzenfette isst, ja, meine

Herren, das ist ein Mensch, der darauf verzichten muss, ein dicker Kerl zu werden, weil das Pflanzenfett vernichtet wird, und aus der Vernichtung entstehen andere Kräfte.

Oder aber er muss eine furchtbar gute Gesundheit in der Verdauung haben, dass es ihm leicht wird, die Pflanzenfette zu vernichten. Dann kriegt er Kräfte, um eigenes Fett anzusetzen. Die meisten Menschen aber sind so, dass sie das eigentlich gar nicht durchführen können, genügend eigenes Fett anzusetzen, wenn sie nur Pflanzenfett genießen.

Wenn die Menschen aber tierisches Fett essen oder Fleisch, das wird nicht ganz vernichtet. Pflanzenfett geht nicht über die Därme hinaus, wird in den Gedärmen vernichtet. Das Fett aber, das im Fleisch enthalten ist, geht weiter in den Menschen über. Und er darf schwächer sein – schwächer, als wenn er sich bloß mit dem Pflanzenfett ernährt.

Daher werden wir unterscheiden solche Körper, die nicht gern das Fett haben, Körper, die nicht gern Speck essen, die insbesondere fette Nahrungsmittel nicht gern mögen – das sind solche Körper, die verhältnismäßig leicht das Fett vernichten und dadurch Fett in sich selber bilden wollen. Diese Körper sagen sich gewissermaßen: «Was ich an mir trage an Speck, das will ich selber machen, meinen eigenen Speck will ich haben.»

Wenn aber einer sich die Tafel ganz voll besetzt mit fetten Speisen, dann sagt er sich nicht: Meinen Speck will ich selber machen, sondern dann sagt er: «Die Welt soll mir meinen Speck geben.» Denn das tierische Fett geht in den Leib über. Das ist also eine Erleichterung in der Ernährung.

Wenn das Kind Zucker schleckt, tut es das auch nicht wegen der Ernährung. Es ist schon etwas Nahrhaftes drinnen, wenn die Kinder Zucker schlecken, aber das Kind tut das nicht wegen der Ernährung, sondern wegen der Süße. Nun, da wird die Süßigkeit bewusst beim Zuckerschlecken.

Wenn der Mensch aber das Fett vom Ochsen, vom Schwein oder was es halt ist, in sich aufnimmt – ja, meine Herren, da geht das über in seinen Körper. Das befriedigt seine Wollust geradeso, wie das Zuckerschlecken die Wollust des Kindes befriedigt, nur dass es nicht so befriedigt, aber der Mensch fühlt schon, dass da Wollust drinnen ist.

Nun braucht der Mensch natürlich zu seinem inneren Dasein diese innere Wollust, daher liebt er das Fleisch.

Fleisch isst man also besonders, wenn der Körper das Fleisch liebt. Aber man darf in dieser Beziehung nicht fanatisch sein. Es gibt Menschen, die können gar nicht bestehen, wenn sie kein Fleisch essen. Es muss daher immer sorgfältig ausprobiert werden, ob sie wirklich ohne Fleisch leben können.

Aber wenn einer ohne Fleisch auskommen kann, dann fühlt er sich, wenn er von der Fleischnahrung zu der vegetarischen Nahrung übergeht, stärker als vorher. Sehen Sie, das ist eben die Schwierigkeit: Mancher verträgt gar nicht zu leben ohne Fleisch. Wenn er das aber kann, dann fühlt er sich dann stärker, wenn er Vegetarier geworden ist, weil er nicht mehr darauf angewiesen ist, fremdes Fett in sich abzulagern, sondern nur sein eigenes Fett kriegt. In dem fühlt er sich dann stark.

Nun, ich kann schon sagen: Das weiß ich von mir selber, der ich die Anstrengungen, die ich seit langer Zeit, in den letzten 24 Jahren durchmachen musste – dass ich die anders nicht hätte durchmachen können. Dann hätte ich nicht ganze Nächte durchfahren und am nächsten Tag einen Vortrag halten können und so weiter. Denn, nicht wahr, es wird einem das abgenommen – was man sich selber bereiten muss, wenn man Vegetarier ist –, wenn man sich durch das Tier zuerst diese Arbeit verrichten lässt. Das ist die Geschichte.

Sie dürfen aber nicht glauben, dass ich in irgendeiner Weise für den *Vegetarismus* agitiere, weil es wirklich eigentlich immer erst ausprobiert werden muss, ob der betreffende Mensch überhaupt Vegetarier werden kann oder nicht. Das ist seine Anlage.

Sehen Sie, meine Herren, besonders wichtig ist das ja beim Eiweiß. Eiweiß kann man auch umgestalten, wenn man in der Lage ist, es so, wie man es als Pflanzeneiweiß aufnimmt, im Gedärm zu vernichten. Und dann bekommt man die Kräfte. Aber sobald das Gedärm schwach wird, muss man es schon von außen bereiten, also richtig Eiweiß aufnehmen, was ja dann zum Beispiel *tierisches Eiweiß* ist, denn die Hühner, die die Eier liefern, sind ja auch Tiere.

Nun, das Eiweiß, das ist etwas, was eigentlich meistens ganz falsch beurteilt wird, wenn man die Sache nicht geisteswissenschaftlich beurteilt.

- Wenn ich *Wurzeln* esse, so kommen ihre Salze bis in meinen Kopf.
- Wenn ich *Salat* esse, so kommen die Kräfte – nicht die Fette selber, aber die Kräfte, die von den Fetten in den Pflanzen sind –, die kommen in meine Brust, in meine Lunge und in das Herz.
- Wenn ich *Früchte* esse, so kommt das Eiweiß aus den Früchten aber nicht bis in die Brust, sondern bleibt im Gedärm.

Das Eiweiß nun, das man aus dem Tierischen hat, das geht weiter als ins Gedärm, das versorgt den Körper, weil das Eiweiß vom Tier sich ausbreitet.

So könnte man sagen: Wenn der Mensch besonders viel Eiweiß isst, so muss er ein sehr gut genährter Mensch werden. Das hat dazu geführt, dass im materialistischen Zeitalter die Leute, die Medizin studiert hatten, den Leuten übertriebenen Eiweißgenuss angeraten haben. Man hat behauptet, dass 120 bis 150 Gramm Eiweiß notwendig sind. Unsinn ist das! Heute weiß man, dass nur ein Viertel davon für den Menschen notwendig ist.

Und tatsächlich: Wenn der Mensch so furchtbar viel Eiweiß isst, was unnötig ist – ja, sehen Sie, dann kommt es eben so, wie es einmal einem Professor mit seinem Assistenten gegangen ist.

Die haben einen Menschen, der unterernährt war, mit Eiweiß auffüttern wollen. Nun setzt man voraus, dass das Eiweiß, wenn es besonders viel ist, im Menschen umgewandelt wird und dass sich im Urin zeigt, dass er Eiweiß gegessen hat. Nun kamen sie bei diesem Menschen darauf: Der Urin zeigt nicht, dass das Eiweiß im Körper drinnen verarbeitet ist. Sie kamen nicht gleich darauf, dass durch den Darm Eiweiß abging. Der Professor war ganz wild darüber. Und der Assistent sagte mit schlotternden Knien: «Ja, Herr Professor, vielleicht durch den Darm?»

Ja, was war da geschehen? Die haben den Mann mit Eiweiß überfüttert, aber dem hat es nichts genützt, denn das Eiweiß ist vom Magen in den Darm gegangen und dann durch den Darm wiederum heraus. Es ist also gar nicht in den Körper gegangen. Wenn man also zu viel Eiweiß füttert, so geht es gar nicht in den Körper, sondern in die Fäkalien.

Aber etwas hat er doch davon, denn bevor es herausgeht, bleibt es im Darm liegen und wird zu Gift und intoxiert den ganzen Körper, vergiftet den Körper. Das hat man von zu viel Eiweiß! Und durch diese Vergiftung entsteht sehr häufig die Arterienverkalkung, sodass viele Menschen die Arterienverkalkung zu früh kriegen – sie einfach deshalb kriegen, weil sie mit Eiweiß überfüttert werden.

Also es ist schon wichtig, so wie ich es jetzt eben auseinandergesetzt habe, die Ernährungsfrage mit ihrem Inhalt kennenzulernen.

Denn die meisten Menschen sind eigentlich sehr häufig der Ansicht: Man wird umso besser ernährt, je mehr man isst. Das ist nicht richtig, sondern man wird manchmal viel besser ernährt, wenn man weniger isst, weil man sich dann nicht vergiftet.

Und das ist es: Man muss wissen, wie diese einzelnen Stoffe wirken. Man muss also wissen,

- dass *Salze* vorzugsweise auf den Kopf wirken;
- dass *Kohlehydrate,* wie sie also in unseren Hauptnahrungmitteln, in Brot und in den Kartoffeln sind, mehr auf das Lungensystem – Lunge, Hals, Gaumen und so weiter wirken;
- dass *Fette* vorzugsweise auf das Herz und auf die Blutgefäße, auf die Venen wirken und
- dass *Eiweiß* vorzugsweise auf die Unterleibsorgane wirkt.

Der Kopf hat überhaupt nichts Besonderes vom Eiweiß.

Das Eiweiß, das im Kopf ist – natürlich muss der Kopf auch aus Eiweiß aufgebaut werden, denn er besteht ja aus lebendiger Substanz –, das Eiweiß muss sich der Mensch auch selber bereiten. Also wenn man ihn überfüttert, so darf man nicht glauben, dass er dadurch ein besonders gesundes Hirn kriegt, sondern im Gegenteil, er kriegt ein vergiftetes Gehirn.

Ich werde vielleicht noch eine Stunde über die Ernährung reden müssen. Es ist dies aber ganz schön, weil solche Fragen sehr fruchtbar sind.

Also dann nächsten Samstag um neun Uhr.

Eiweiß	—	Unterleibsorgane
Fette	—	Herz und Blutgefäße
Kohlehydrate	—	Lunge, Hals, Gaumen
Salze	—	Kopf

Blüte, Frucht	—	Unterleib
Kraut	—	Brust (Herz, Blutgefäße)
Wurzel	—	Kopf

Dritter Vortrag

Ernährung der Kinder, Abhärtung, Düngung

Dornach, 2. August 1924

Guten Morgen, meine Herren!

Ich möchte heute noch einiges beifügen zu dem, was vorigen Donnerstag auf die Frage von Herrn Burle gesagt werden konnte.

Ich habe also auseinandergesetzt, wie vier Dinge zur Ernährung für jeden Menschen notwendig sind: Salze, dann dasjenige, was man Kohlehydrate nennt, was also vorzugsweise in Kartoffeln enthalten ist, was aber auch ganz besonders enthalten ist in den Körnerfrüchten unserer Felder und auch in den Hülsenfrüchten. Und dann, sagte ich, braucht der Mensch außerdem Fette, und er braucht Eiweiß.

Aber ich habe Ihnen auseinandergesetzt, wie ganz verschieden die Ernährung ist beim Menschen zum Beispiel in Bezug auf Eiweiß und, sagen wir, Salz.

Das *Salz* nimmt der Mensch in seinen Körper bis zum Kopf hin so auf, dass es Salz bleibt, dass es sich eigentlich nicht anders verändert, als dass es aufgelöst wird. Aber es behält seine Kräfte als Salz bei bis in den menschlichen Kopf hinein.

Dagegen das *Eiweiß,* also dasjenige, was wir im gewöhnlichen Hühnerei haben, was wir aber auch in den Pflanzen haben, dieses Eiweiß, das wird sogleich im menschlichen Körper, noch im Magen und in den Gedärmen vernichtet, bleibt nicht Eiweiß. Aber jetzt hat der Mensch die Kraft aufgewendet, dieses Eiweiß zu vernichten, und die Folge davon ist, dass er auch wieder die Kraft bekommt, weil er Eiweiß vernichtet hat, Eiweiß wiederherzustellen. Und so macht er sich sein eigenes Eiweiß. Er würde es sich aber nicht machen, wenn er nicht erst anderes Eiweiß zerstören würde.

Stellen Sie sich einmal richtig vor, meine Herren, wie das beim Eiweiß ist. Denken Sie sich einmal, Sie sind ein ganz verständiger Mensch und sind so gescheit, dass Sie sich die Geschicklichkeit zutrauen, eine Uhr zu machen, Sie haben aber nichts gesehen als eine Uhr, wie sie von außen ausschaut. Da werden Sie nicht gleich eine Uhr machen können.

Aber wenn Sie es nun riskieren, die Uhr zu zerlegen, sie ganz auseinanderzunehmen, in ihre einzelnen Stücke zu zerlegen und sich dabei merken, wie die Geschichte zusammengesetzt war, dann lernen Sie aus dem Zerlegen der Uhr, wie Sie sie wiederum zusammensetzen müssen.

So macht es der menschliche Körper mit dem Eiweiß: Er muss das Eiweiß in sich hereinbekommen, er zerlegt ganz das Eiweiß. Das Eiweiß besteht nämlich aus Kohlenstoff,

Stickstoff, Sauerstoff, Wasserstoff und Schwefel, das sind die wichtigsten Bestandteile vom Eiweiß. Und das Eiweiß wird ganz zerlegt, sodass der Mensch in sich nun nicht Eiweiß hat, wenn die Geschichte in die Gedärme kommt, sondern Kohlenstoff, Stickstoff, Sauerstoff, Wasserstoff und Schwefel.

Sehen Sie, jetzt hat der Mensch das Eiweiß zerlegt, wie man eine Uhr zerlegt. Sie werden sagen: «Ja, aber wenn man einmal eine Uhr zerlegt, so kann man sich das ja merken, um weitere Uhren zu machen. So braucht man nur ein einziges Mal Eiweiß essen und kann dann immer wieder Eiweiß machen.»

Das ist aber nicht wahr, weil der Mensch ein Gedächtnis hat als ganzer Mensch, aber der Körper als solcher, der hat nicht ein solches Gedächtnis, dass er sich etwas merken kann, sondern der Körper, der verwendet Kräfte zum Aufbauen. Also wir müssen immer wieder von neuem Eiweiß zerstören, damit wir das Eiweiß herstellen können.

Nun ist es so, dass der Mensch etwas sehr, sehr Kompliziertes macht, wenn er sich sein Eiweiß fabriziert. Er zerlegt nämlich zuerst das Eiweiß, das er isst. Dadurch bekommt er Kohlenstoff überall in seinen Körper hinein. Nun wissen Sie: Wir ziehen auch den Sauerstoff aus der Luft heran, der vereinigt sich mit dem Kohlenstoff, den wir in uns haben. Diesen Kohlenstoff haben wir im Eiweiß und in den anderen Nahrungsmitteln. Wir atmen ja zunächst Kohlenstoff in der Kohlensäure wieder aus, aber einen Teil behalten wir in uns zurück.

Jetzt haben wir in unserem Körper Kohlenstoff und Sauerstoff miteinander drinnen. Sodass wir nicht den Sauerstoff beibehalten, den wir gegessen haben mit dem Eiweiß, sondern wir vereinigen mit dem Kohlenstoff den Sauerstoff, den wir eingeatmet haben.

Wir bauen also unser Eiweiß in unserem Inneren nicht so auf, wie es sich die Materialisten vorstellen – dass wir recht viel Hühnerei essen, das Hühnerei verbreitet sich im ganzen Körper und nachher hätten wir das Hühnerei, das wir gegessen haben, im ganzen Körper ausgebreitet. Das ist nicht wahr.

Wir sind schon durch die Organisation unseres Körpers davor bewahrt, dass wenn wir Hühnerei essen, wir alle verrückte Hühner werden. Nicht wahr, das werden wir nicht, alle verrückte Hühner, weil wir schon in den Gedärmen das Eiweiß vernichten. Statt des Sauerstoffgehalts, den es gehabt hat, nehmen wir den Sauerstoff aus der Luft. Den hat man jetzt da.

Sehen Sie, mit dem Sauerstoff atmen wir, weil in der Luft immer auch etwas Stickstoff ist, den Stickstoff ein. Und auch nicht den Stickstoff verwenden wir, den wir mit dem Hühnerei essen, sondern wiederum den Stickstoff, den wir aus der Luft einatmen.

Den Wasserstoff, den wir mit dem Hühnerei essen, den

verwenden wir schon gar nicht, sondern jenen Wasserstoff, den wir durch die Nase bekommen und durch die Ohren, gerade durch die Sinne. Das machen wir zu unserem eigenen Eiweiß.

Und Schwefel, den bekommen wir fortwährend aus der Luft. Also Wasserstoff und Schwefel bekommen wir auch aus der Luft.

Von dem Eiweiß, das wir essen, von dem behalten wir überhaupt nur den Kohlenstoff. Das andere verwenden wir so, dass wir das nehmen, was wir aus der Luft bekommen.

Also sehen Sie, so ist es mit dem Eiweiß. Und in einer ganz ähnlichen Weise ist es mit dem *Fett* auch so. Unser eigenes Eiweiß machen wir uns selber, verwenden nur den Kohlenstoff vom fremden Eiweiß. Und unser eigenes Fett machen wir uns auch selber, verwenden im Grunde genommen auch nur sehr wenig von dem Stickstoff, den wir durch die Nahrung aufnehmen, für die Fette.

Die Sache ist so, dass wir Eiweiß und Fett auf eigene Weise erzeugen.

Nur dasjenige, was wir in den Kartoffeln, Hülsenfrüchten, Körnerfrüchten aufnehmen, das geht in den Körper über, und zwar dasjenige, was wir mit den Körnerfrüchten und mit den Kartoffeln aufnehmen, nicht vollständig, sondern man möchte sagen, nur bis zu den unteren Partien des Kopfes. Was wir mit den Salzen aufnehmen, das geht in den ganzen Kopf über, und daraus bilden wir uns dann das, was wir für unsere Knochen brauchen.

Sehen Sie, meine Herren, deshalb, weil das so ist, müssen wir dafür sorgen, dass wir namentlich gesundes *Pflanzeneiweiß* in unseren Körper hineinbringen. Gesundes Pflanzeneiweiß, das ist dasjenige, wovon unser Körper sehr viel hat. Wenn wir Hühnereiweiß in unseren Körper hineinbringen, da kann unser Körper schon ziemlich faul sein, ein träger, fauler Körper sein. Er wird es leicht zerstören können, weil das leicht zerstört ist.

Das Pflanzeneiweiß, also dasjenige Eiweiß, was wir mit den Früchten der Pflanzen kriegen – in den Pflanzen ist es hauptsächlich drinnen, wie ich Ihnen vorgestern sagte –, das ist für uns ganz besonders wertvoll. Daher ist es für einen Menschen, der sich gesund halten will, wirklich notwendig, dass er in gekochtem oder rohem Zustand *Früchte* zu seiner Nahrung hinzu hat. Früchte muss er haben.

Wenn ein Mensch ganz vermeidet, Früchte zu essen, so ist das so, dass er eigentlich nach und nach zu einer ganz trägen inneren Verdauung seines Körpers übergeht.

Nun sehen Sie, da handelt es sich aber auch wiederum darum, dass wir die Pflanzen selber richtig ernähren. Da müssen Sie bedenken, wenn wir die Pflanzen in der richtigen Weise ernähren wollen, dass die Pflanzen etwas Lebendiges sind. Die Pflanzen sind keine Mineralien, die Pflanzen sind etwas Lebendes.

Wenn wir eine Pflanze bekommen, so bekommen wir sie ja aus dem Samen, der in den Boden hineingegeben wird. Die Pflanze kann nicht ordentlich gedeihen, wenn sie nicht den Boden selber ein bisschen lebendig kriegt.

Und wie macht man den Boden lebendig? Indem man ihn ordentlich düngt! Also das ordentliche *Düngen,* das ist dasjenige, was uns wirklich richtiges Pflanzeneiweiß liefert.

Und da müssen Sie wiederum Folgendes bedenken. Sehen Sie, durch lange Zeiten hindurch haben die Menschen gewusst: Richtiger Dünger ist der, der aus den Ställen kommt, aus den Kuhställen und so weiter, richtiger Dünger, der aus der Landwirtschaft selber heraus kommt. Aber in der neueren Zeit, wo alles materialistisch geworden ist, haben die Leute gesagt: «Ja, man kann ja die Sache so machen, dass man nachschaut, welche Stoffe in dem Dünger drinnen sind. Und dann nehmen wir das aus dem Mineralreich, den mineralischen Dünger.»

Aber wenn man mineralischen Dünger verwendet, so ist das geradeso, wie wenn man Salze in den Boden wirft. Da wird bloß die Wurzel kräftig. Da kriegen wir dann also aus der Wurzel bloß dasjenige heraus, was in den menschlichen Knochenbau geht. Wir kriegen aber aus der Pflanze nicht ein richtiges Eiweiß heraus.

Daher leiden unsere Pflanzen, unsere Feldfrüchte, seit einiger Zeit alle an einem Eiweißmangel. Und der wird immer größer und größer werden, wenn die Leute nicht wiederum zu ordentlichem Düngen kommen.

Sehen Sie, es haben schon Versammlungen von Landwirten stattgefunden, da haben die Landwirte gesagt – aber sie wussten natürlich nicht, aus welchen Gründen –: «Ja, die Früchte, die werden immer schlechter und schlechter!»

Und wahr ist es: Wer alt geworden ist, der weiß, dass als er noch ein junger Kerl war, eigentlich alles besser gewesen ist, was die Felder hervorgebracht haben.

Man kann eben nicht so denken, dass man den Dünger einfach aus den Stoffen zusammensetzt, aus denen der *Kuhmist* besteht, sondern man muss sich klar sein: Dadurch, dass der Kuhmist nicht aus dem Labor vom Chemiker kommt, sondern aus dem viel, viel wissenschaftlicheren Labor, das in der Kuh drinnen ist, das ist ein viel wissenschaftlicheres Labor, meine Herren!, dadurch kommt es, dass der Kuhdünger eben doch dasjenige ist, was nicht bloß die Wurzeln der Pflanzen stark macht, sondern bis in die Früchte hinauf stark wirkt, dadurch auch ordentliches Eiweiß in den Pflanzen erzeugt und der Mensch davon ganz kräftig wird.

Wenn man nur immer mit mineralischem Dünger düngen würde, wie man es in der neueren Zeit liebt, oder gar mit Stickstoff, der aus der Luft erzeugt wurde – ja, meine Herren, da werden Ihre Kinder und noch mehr Ihre Kindeskinder ganz bleiche Gesichter haben. Sie werden die Gesichter nicht mehr von den Händen unterscheiden können.

Dass der Mensch eine lebhafte Farbe haben kann, eine gesunde Farbe haben kann, hängt eben davon ab, dass die Äcker ordentlich gedüngt werden.

Also Sie sehen, man muss berücksichtigen, wenn man über die Ernährung spricht, wie man überhaupt die Nahrungsmittel gewinnt. Das ist außerordentlich wichtig. Dass der menschliche Körper selber die Notwendigkeit hat, dasjenige zu begehren, was er braucht, das können Sie aus verschiedenen Umständen sehen.

Nehmen Sie zum Beispiel nur den Umstand: Gefangene, die zu jahrelanger Strafe verurteilt werden, die bekommen gewöhnlich nicht genug fettreiche Nahrung, nur Nahrung, die nicht fettreich genug ist. Ja, die bekommen eine ungeheure Gier nach Fett!

Und wenn da irgendwie von einem Licht (Öllampe), das der Gefängniswärter in die Zelle hineinträgt, etwas heruntertropft und auf dem Boden ist, dann bücken sie sich gleich und lecken dieses Fett auf – aus dem Grund, weil der Körper das so ungeheuer stark spürt, wenn er irgendein Nahrungsmittel, das er braucht, eigentlich stark vermisst.

Das kommt nicht zum Ausdruck, wenn man immerfort, Tag für Tag, ordentlich essen kann. Da kommt es nie dazu, weil der Körper das nicht entbehrt, was er braucht. Aber wenn etwas dauernd, durch Wochen hindurch in der Nahrung fehlt, dann wird der Körper außerordentlich gierig danach. Das ist dasjenige, was ich im Besonderen zu dem noch hinzufügen muss.

Nun habe ich Ihnen schon gesagt, dass mit solchen Dingen viel anderes noch zusammenhängt.

Sehen Sie, unsere Vorfahren in Europa im 12., 13. Jahrhundert oder noch früher – ja, die haben sich unterschieden von uns. Das berücksichtigt man gewöhnlich gar nicht. Und unter anderen Dingen, wodurch sie sich von uns unterschieden haben, war das, dass sie keine Kartoffeln zu essen bekommen haben. Die Kartoffeln sind erst später eingeführt worden.

Die Kartoffelnahrung hat aber einen starken Einfluss auf den Menschen ausgeübt. Sehen Sie, isst man Körnerfrüchte, so werden dadurch insbesondere Herz und Lunge stark. Das verstärkt Lunge und Herz. Der Mensch wird so, dass er einen gesunden Brustkorb hat, und es geht ihm gut. Er ist nicht mehr erpicht aufs Denken als wie aufs Atmen zum Beispiel. Er kann auch beim Atmen etwas vertragen.

Und da möchte ich Ihnen gleich sagen: Sie müssen sich nicht vorstellen, dass derjenige kräftig ist beim Atmen, der immer die Fenster aufmachen muss, der immer schreit: «Oh, frische Luft!» und so weiter. Sondern derjenige ist kräftig im Atmen, der schließlich so stark organisiert ist, dass er jede Luft verträgt. Wie es überhaupt darauf ankommt, dass nicht derjenige abgehärtet ist, der nichts vertragen kann, sondern derjenige, der etwas vertragen kann.

In unserer Zeit redet man viel von *Abhärtung*. Denken Sie nur, wie man die Kinder abhärtet: Jetzt schon werden die Kinder, namentlich von reichen Leuten, aber die anderen kommen auch schon und machen es nach, jetzt werden die Kinder so angezogen – während wir in unserer Jugend ordentliche Strümpfe angehabt haben und ganz bedeckt waren, höchstens dass man bloßfüßig gegangen ist –, jetzt ist es so, dass die Anzüge nur bis an die Knie höchstens gehen oder noch weniger weit.

Wenn die Leute wüssten, dass das die größte Gefahr für spätere Blinddarmentzündungen bedeutet, so würden sie sich besinnen. Aber die Mode, die wirkt ja so tyrannisch, dass solch eine Gesinnung gar nicht aufkommt. Jetzt werden also die Kinder so angezogen, namentlich die Kinder der reichsten Leute, dass sie nur bis an die Knie oder noch weniger weit bedeckt sind. Und es wird noch dazu kommen, dass die Kleidchen später bloß bis an den Bauch gehen werden, das wird auch noch Mode werden. Also da wirkt die Mode außerordentlich stark ein.

Aber dasjenige, worauf es eigentlich ankommt, das merken eben die Leute gar nicht. Es kommt eben durchaus darauf an, dass der Mensch in seiner ganzen Organisation sich darauf einstellt, dass er nun doch wirklich immer alles verarbeiten kann, was er an Nahrungsmitteln in sich aufnimmt.

Und da meine ich, ist es ganz besonders wichtig, dass man weiß: Der Mensch wird stark, wenn er die Dinge ordentlich verarbeitet, die er in sich aufnimmt.

Und man wird sich überzeugen: Dadurch, dass man das macht mit den Kindern, was ich Ihnen erzählt habe, werden sie gar nicht abgehärtet, sondern – sehen Sie sich sie einmal an! – wenn sie später über einen erhitzten Platz gehen sollen, ja, da können sie es kaum, da triefen sie gleich!

Nicht der ist abgehärtet, der dazu kommt, nichts zu vertragen, sondern der ist abgehärtet, der alles Mögliche vertragen kann. Also es ist ja auch so, dass die Leute früher wenig «abgehärtet» waren. Sie hatten eben gesunde Lungen, ein gesundes Herz und so weiter.

Nun kam die *Kartoffelnahrung*. Die Kartoffel versorgt weniger Herz und Lunge, die Kartoffel geht in den Kopf hinauf – allerdings, wie ich Ihnen gesagt habe, in den Unterkopf, nicht in den Oberkopf –, aber sie geht eben in den Unterkopf hinein, wo man besonders kritisch wird, wo man denkt.

Daher, sehen Sie, hat es in früheren Zeiten weniger Zeitungsschreiber gegeben. Die Buchdruckerkunst war ja noch nicht da. Bedenken Sie nur, was heute täglich gedacht wird auf der Welt, nur um die Zeitungen zustande zu bringen! Ja, dieses viele Denken, das ja gar nicht notwendig ist, dieses viele Denken, das verdanken wir der Kartoffelnahrung!

Denn der Mensch, der Kartoffeln isst, der fühlt sich fortwährend angeregt zu denken. Der kann gar nicht anders als denken.

Dadurch werden seine Lunge und sein Herz schwach, und die Tuberkulose, die *Lungentuberkulose,* die kam überhaupt erst, als die Kartoffelnahrung eingeführt wurde. Und die schwächsten Leute sind diejenigen in Gegenden, wo fast nichts mehr angebaut wird als Kartoffeln und die Leute von Kartoffeln leben.

Gerade die Geisteswissenschaft – ich habe Ihnen das öfter gesagt – hat Gelegenheit, diese materiellen Dinge zu durchschauen. Die materialistische Wissenschaft weiß nichts von der Ernährung, weiß nichts davon, was für den Menschen gesund ist.

Das ist gerade das Eigentümliche vom Materialismus, dass er nur immer denkt, denkt, denkt – und nichts weiß!

Es kommt darauf an, wenn man eben richtig im Leben stehen will, dass man durchaus etwas wissen muss. Sehen Sie, das sind die Dinge, die ich Ihnen wegen der Ernährung noch sagen wollte.

Jetzt können Sie vielleicht, wenn Sie noch Wünsche haben, der eine oder andere noch eine Frage stellen?

Arbeiter: Herr Doktor hat das letzte Mal etwas von *Arterienverkalkung* gesprochen. Diese Arterienverkalkung soll ja, wie man sagt, vom vielen Fleischgenuss kommen und dergleichen. Ich kenne eine Person, die hat mit 50 Jahren Arterienverkalkung bekommen, ist bis zum 70. Jahr hin steif geworden. Und nun ist diese Person 85, 86 Jahre alt, ist heute viel rüstiger als in ihren 50er, 60er Jahren. Ist die Arterienverkalkung da wohl zurückgegangen? Ist dies möglich, oder was kann da schuld sein? Nebenbei bemerkt, hat diese Person niemals Tabak geraucht, auch wenig Alkohol getrunken, ziemlich solide gelebt. Nur hat er in seinen jüngeren Jahren ziemlich viel Fleisch gegessen, mit 70 Jahren nur noch wenig arbeiten können. Heute aber, mit 85, 86 Jahren, ist er dauernd noch tätig, lebt noch.

Rudolf Steiner: Nicht wahr, Sie sagen, das war eine Persönlichkeit, die mit 60 Jahren, 50 Jahren etwa Arterienverkalkung bekommen hat, steif geworden ist, wenig arbeitsfähig war. Ich weiß nicht, ob auch das Gedächtnis zurückging. Das werden Sie nicht bemerkt haben. Dieser Zustand dauerte bis zu den 70er Jahren, dann wurde die Persönlichkeit wieder rüstig, lebt heute noch. Was auf Arterienverkalkung deuten könnte, wäre, wenn er nicht mehr sehr beweglich ist. Oder ist er so, dass er sehr rüstig und beweglich ist?

Arbeiter: Er ist heute beweglich, vollständig rüstig und beweglicher als mit 65 Jahren, 70 Jahren. Er ist mein Vater!

Rudolf Steiner: Da handelt es sich darum, dass man erst genau feststellen müsste, wie die Arterienverkalkung war. Denn sehen Sie, die Sache ist diese: Meistens tritt die Arterienverkalkung so ein, dass der Mensch im Ganzen seine Arterien verkalkt bekommt. Nun, wenn der Mensch im Ganzen seine Arterien verkalkt bekommt, dann wird er natürlich unfähig, von der Seele, vom Geist aus den Körper zu beherrschen. Der Körper wird steif.

Jetzt ist die Sache so: Nehmen wir an, jemand bekommt Arterienverkalkung nicht im ganzen Körper, die Arterienverkalkung verschont zum Beispiel das Gehirn, dann ist Folgendes der Fall.

Sehen Sie, ich kenne ja auch etwas Ihren Gesundheitszustand. Ihren Vater kenne ich nicht, aber vielleicht darf man von Ihrem Gesundheitszustand etwas auf den Ihres Vaters schließen. Sie leiden zum Beispiel oder haben gelitten, das wird ja hoffentlich absolut gut werden, etwas an *Heuschnupfen*.

Das bezeugt, dass Sie in sich etwas tragen, was der Körper nur dann ausbilden kann, wenn er für die Sklerose, für die Arterienverkalkung, nicht im Kopf, sondern nur außer dem Kopf veranlagt ist. Keiner, der im ganzen Leib von vornherein für die Arterienverkalkung veranlagt ist, kann gut Heuschnupfen bekommen. Denn der Heuschnupfen ist gerade das Gegenteil von Arterienverkalkung.

Nun leiden Sie an Heuschnupfen. Das bezeugt, dass Ihr Heuschnupfen – es ist ja nicht gut, wenn man Heuschnupfen hat; wird er kuriert, dann ist es besser, aber es kommt dabei auf die Anlage an –, also Ihr Heuschnupfen, der ist so etwas wie ein Ventil gegen die Sklerose, gegen die Arterienverkalkung.

Nun, Arterienverkalkung in geringerem Zustand kriegt aber jeder Mensch. Man kann nicht alt werden, ohne Arterienverkalkung zu bekommen. Nun sehen Sie: Bekommt man die Arterienverkalkung im ganzen Körper, so kann man sich nicht mehr helfen, da wird man steif im ganzen Körper.

Bekommt man aber die Arterienverkalkung – ausgenommen den übrigen Körper – im Kopf, dann tritt ja das ein: Wenn man nur recht alt wird, da wird der Ätherleib, von dem ich Ihnen gesprochen habe, wieder stärker, immer stärker und stärker. Und dann braucht der Ätherleib nicht mehr so stark das Gehirn, dieses kann alt und steif werden. Der Ätherleib kann aber doch nun anfangen, diese geringfügige Arterienverkalkung, die ihn früher alt und steif gemacht hat, so zu beherrschen, dass man sie geschickt beherrschen kann. Die Arterienverkalkung ist dann nicht so stark eingetreten.

Ihr Vater braucht zum Beispiel nicht selber den Heuschnupfen gehabt zu haben, das ist gar nicht notwendig, aber die Anlage dazu kann er gehabt haben. Und die Anlage dazu, sehen Sie, die kann ihm gerade zugute kommen.

Man kann sogar – was einem natürlich ein bisschen gegen den Strich gehen wird –, man kann sogar dieses sagen: Es kann ein Mensch da sein, der kann eine Anlage zum Heuschnupfen haben. Er kann in dem Zustand sein, dass er sagt: «Gott sei Dank, dass ich diese Heuschnupfenanlage habe. Der Heuschnupfen kommt zwar bei mir nicht heraus, aber ich habe immerhin die Anlage.» Und das schützt ihn vor der Arterienverkalkung.

Wenn nun der betreffende Mensch einen Sohn hat, so schützt das den Sohn gerade vor der Arterienverkalkung. Er kann gerade das haben, was beim Vater nach innen schießt: Das kann er nach außen haben, das hängt beim Sohn mit irgendeiner Erkrankung nach außen zusammen. Das sind ja überhaupt die Geheimnisse der Vererbung, dass manches bei den Nachkommen krank wird, was bei den Vorfahren gesund war.

Man teilt die Krankheiten ein, spricht von Arterienverkalkung, Lungentuberkulose, Leberverhärtung, Magenverstimmung und so weiter. Das kann man nun hübsch innehaben, im Buch hintereinander schreiben, man kann beschreiben, wie diese Krankheiten sind.

Man hat aber nicht viel davon – aus dem einfachen Grund, weil Arterienverkalkung bei jedem Menschen etwas anderes ist. Es sind gar nicht zwei Menschen gleich, die Arterienverkalkung haben, jeder Mensch kriegt die Arterienverkalkung auf andere Weise. Das ist schon so, meine Herren. Sehen Sie, das ist gar kein Wunder.

Es gab zwei Professoren, Dozenten, die wirkten beide an der Berliner Universität. Der eine war 70 Jahre alt, der andere 92. Derjenige, der 70 Jahr alt war, der war ein ganz berühmter Mensch. Er hat viele Bücher geschrieben, aber er war ein Mensch, der mit seiner Philosophie ganz im Materialismus drinnen gelebt hat, der nur Gedanken gehabt hat, die im Materialismus drinnen steckten. Solche Gedanken wirken nun auch auf die Arterienverkalkung mit ein. Und er bekam Arterienverkalkung. Er konnte nicht anders, als wie er 70 Jahre alt war, sich pensionieren zu lassen.

Derjenige, der 92 Jahre alt war, sein Kollege, war nicht Materialist, war ein Kind geblieben fast sein ganzes Leben hindurch, hat mit ungeheurer Lebhaftigkeit noch doziert. Der hat gesagt: «Ja, ich begreife meinen Kollegen nicht, den jungen Knaben! Ich will mich jetzt noch nicht pensionieren lassen, ich fühle mich noch furchtbar jung.» Der andere war abgetakelt, «der Knabe», der konnte nicht mehr weiter dozieren. Natürlich war der, der 92 Jahre alt war, auch verkalkt, er hatte ganz verkalkte Arterien, aber er konnte durch die Beweglichkeit seiner Seele mit seinen Arterien noch etwas anfangen. Der andere hatte keine Möglichkeit mehr dazu.

Nun noch etwas zu der Frage von Herrn Burle über die *gelbe Rübe*. Herr Burle sagte: «Der menschliche Körper verlangt durch seinen eigenen Instinkt nach dem, was er braucht. Kinder und Große zwingt man manchmal zu einer Speise, obwohl sie ihnen nicht guttut. Ich glaube, dass man das nicht sollte, wenn jemand einen Speiseabscheu hat. Ich habe einen Knaben, der mag die Kartoffeln nicht essen».

Sie brauchen ja nur das eine zu bedenken, meine Herren. Wenn nämlich die Tiere keinen Instinkt für dasjenige hätten, was ihnen guttut und nicht guttut, so würden sie alle längst krepiert sein. Denn die Tiere kommen ja alle auf der Weide auch an Giftpflanzen. Aber sie gehen da immer vorbei, fressen sie nicht. Wenn sie sie fressen würden, so würden sie ihnen nicht gut bekommen. Es ist noch vieles andere da, aber die Tiere wählen sich mit Bedacht dasjenige aus, was ihnen gut bekommt.

Haben Sie schon jemals Gänse genudelt oder gestopft, also Gänse genudelt? Glauben Sie, dass das der Gänserich von selber machen würde? Da zwingen ja nur die Menschen die Gänse dazu, so viel zu fressen. Natürlich, beim Schwein ist es schon etwas anderes. Aber was glauben Sie, was wir für magere Schweine hätten, wenn man sie nicht zwingen würde, so viel zu fressen!

Beim Schwein ist es deshalb schon etwas anderes, weil man schon die Schweinevorfahren an alle die Dinge gewöhnt hat, die fett machen. Die wurden schon früher in die Nahrung aufgenommen. Aber die Urschweine, die musste man dazu zwingen! Von selber nimmt kein Tier auf, was ihm nicht passt.

Aber, meine Herren, was hat nun der Materialismus gemacht? Der glaubt doch nicht mehr an solche Instinkte.

Sehen Sie, ich hatte einen Jugendfreund und als wir zusammen waren in der Jugendzeit, da waren wir ganz leidlich vernünftig mit dem Essen. Wir hatten sehr häufig als junge Leute zusammen gegessen, wir haben uns halt dasjenige geben lassen, was man so isst und von dem man glaubt, wie man sagt, dass es «anschlägt». Nun, wie das Leben es so fügt, sind wir auseinandergekommen, und ich kam später nach Jahren wiederum in die Stadt, wo er war, wurde eingeladen bei ihm zu Mittag.

Und siehe da, er hatte neben sich eine Waage, neben seinem Teller. Da sagte ich zu ihm: «Was machst du denn da mit der Waage?» Ich wusste es natürlich, wollte aber hören, was er sagen würde. Er erwiderte: «Das Fleisch, das mir gerade dient, das wiege ich mir zu, dass es richtig ist für mich, und auch den Salat.» Da wog er sich auf der Waage alles zu! Alles, was er auf den Teller nahm, wurde abgewogen, weil das die Wissenschaft vorgeschrieben hat.

Was hat er aber damit getan? Er hat sich allen Instinkt abgewöhnt, wusste zuletzt überhaupt nicht mehr, was er essen sollte! Sehen Sie, einst hat im Buch gestanden: «An Eiweiß braucht der Mensch 120 oder 150 Gramm» – heute ist es so, dass es heißt: nur 50 Gramm –, das hat er sich brav abgewogen, und das war gerade falsch!

Natürlich, meine Herren, wenn der Mensch zuckerkrank ist, das ist ganz selbstverständlich, dass es dann etwas anderes ist. Denn die Zuckerkrankheit, die *Diabetes,* die beweist immer, dass der Mensch den Instinkt für die Nahrung eigentlich verloren hat.

Also darum handelt es sich, dass wenn ein Kind die Anlage hat, nur die geringfügigste Anlage zum Beispiel hat, Würmer zu bekommen, dann tut es manchmal alles Mögliche. Sie können erstaunt sein darüber, wie solch ein Kind zum Beispiel ein Feld aufsucht, wo gelbe Rüben sind, und dann werden Sie es finden, gelbe Rüben essend, auch wenn das Feld weit weg ist: Das Kind läuft hin und sucht sich die gelben Rüben, weil das Kind, das Anlage hat zu Würmern, unbedingt diese gelben Rüben braucht und isst.

Und so ist es eigentlich das Allernützlichste, was man tun kann, meine Herren: *Achtgeben, wie ein Kind anfängt, das oder jenes gern zu essen* oder nicht gern zu essen, wenn es entwöhnt ist, wenn es nicht mehr die Milch hat. Sobald das Kind die äußere Nahrung aufnimmt, an die äußere Nahrung herankommt, kann man an dem Kind lernen, was man dem Menschen geben soll.

Wenn man erst das Kind zwingt, das zu essen, was man glaubt, dass es essen soll, wird der Instinkt verdorben. Also man soll sich nach dem richten, wonach das Kind Instinkt hat, da können Sie ganz sicher sein. Natürlich, man muss auch manches, was zur Unsitte ausschlägt, etwas eindämmen, aber man muss beachten, wo man es eindämmt.

Nehmen Sie zum Beispiel ein Kind, von dem Sie bemerken, dass es, obwohl Sie ihm nach Ihrer Meinung alles schön geben, gar nicht anders kann als, wenn es zum ersten Mal zum Tisch kommt, da steigt es auf einen Stuhl, beugt sich ein bissel hinüber über den Tisch und stibitzt ein Stückerl Zucker!

Ja, sehen Sie, solch eine Sache muss man in der richtigen Weise auffassen, denn ein solches Kind, das auf einen Stuhl steigt und sich ein bisschen Zucker stibitzt, ein solches Kind hat ganz gewiss etwas in seiner Leber nicht in Ordnung. Einfach das, dass das Kind sich etwas Zucker stibitzt, das beweist, dass irgendetwas in der Leber nicht in Ordnung ist.

Nur Kinder, die etwas in der Leber nicht in Ordnung haben – was sogar dann durch den Zucker kuriert wird –, die stibitzen Zucker. Die anderen interessieren sich nicht für den Zucker, die lassen ihn stehen.

Natürlich darf das nicht zur Unsitte ausarten, aber man muss dafür Verständnis haben. Und man kann da in zweifacher Weise Verständnis haben.

Sehen Sie, wenn ein Kind ganz fest immer nur daran denkt: «Wann guckt der Vater oder die Mutter nicht hin, dass ich den Zucker nehmen kann», dann stibitzt das Kind später auch andere Sachen. Wenn man aber das Kind befriedigt, weil man ihm gibt, was es braucht, dann wird es kein Dieb.

Also es hat auch in moralischer Beziehung eine große Bedeutung, ob man solche Dinge beachtet oder nicht. Das ist sehr wichtig, meine Herren. Und so muss man die Frage, die Sie jetzt gestellt haben, so beantworten: Man soll gerade achtgeben, was das Kind will oder verabscheut, und es nicht zu dem zwingen, was es nicht will.

Denn wenn es zum Beispiel geschieht – was bei sehr vielen Kindern der Fall ist –, dass es kein Fleisch essen will, dann ist es so, dass es durch das Fleisch Darmgifte bekommt. Und die will es vermeiden, dieser Instinkt ist da. Ein Kind, das an einem Tisch sitzt, wo alle anderen Fleisch essen, und selbst das Fleisch verweigert, das hat gerade die Anlage, Darmgifte zu entwickeln durch das Fleisch. Das muss man alles berücksichtigen.

Daraus sehen Sie, dass die Wissenschaft überhaupt noch viel feiner werden muss. Die ist heute noch viel zu grob – mit der Waage und allem, was man im Labor treibt. Man kann eigentlich nicht bloß Wissenschaft treiben.

Die Ernährung, die Sie jetzt so interessiert, die ist schon so, dass man richtig verstehen muss, wie diese Ernährung mit dem Geist zusammenhängt. Da führe ich oft, wenn die Leute nach so etwas fragen oder so etwas wissen wollen, gern zwei Beispiele an.

Denken Sie sich, meine Herren, einen *Journalisten.* Der muss ja so viel denken – allerdings Unnötiges meistens –, aber er muss so viel denken, dass der Mensch so viele Gedanken, die logisch sind, gar nicht haben kann. Daher werden Sie finden, dass der Journalist oder überhaupt ein Mensch, der berufsmäßig schreiben soll, den *Kaf-*

fee liebt, ganz instinktmäßig.

Er setzt sich ins Kaffeehaus, trinkt eine Tasse Kaffee nach der anderen und nagt an der Feder, damit etwas herauskommt, was er schreiben kann. Das Federnagen hilft ihm nichts, aber der Kaffee hilft ihm dazu, dass ein Gedanke aus dem anderen hervorgeht, denn es muss sich ja ein Gedanke an den anderen anknüpfen.

Aber sehen Sie, das ist sehr schädlich, wenn sich das eine an das andere anknüpft, wenigstens oft sehr schädlich bei *Diplomaten*. Wenn Diplomaten logisch sind, findet man sie langweilig, sie müssen recht unterhaltsam sein. In Gesellschaften, da liebt man das nicht, wenn einer so logisch ist – das Erstens, Zweitens, Drittens; «Und wenn das Erst' und Zweit' nicht wär, das Dritt' und Viert' wär nimmermehr.» (Goethe *Faust*, V. 1932-3)

Man darf als Journalist zum Beispiel in einem Finanzartikel nicht andere Dinge behandeln. Aber als Diplomat kann man reden zugleich von Tanzbars oder Sonstigem und nachher von den Staatsfinanzen des Landes X und nachher von den Schnecken der Frau Sowieso. Danach kann man gleich übergehen und reden von der Fruchtbarkeit der Kolonien und nachher, wo das beste Pferd steht und so weiter.

Da muss ein Gedanke in den anderen überspringen. Ja, da bekommt man, will man in dieser Weise gesellschaftsfähig werden, den Instinkt, viel *Tee* zu trinken.

Der Tee, der zerstreut die Gedanken, da springt man in

den Gedanken. Und der Kaffee, der setzt einen Gedanken an den anderen an.

- Will man also einen logischen Stil entwickeln, weil man als *Journalist* einen Leitartikel schreiben will: *Kaffee!*
- Will man als *Diplomat* vom Staatsminister und so weiter und so weiter sprechen, wenn man also von einem Gedanken zum anderen überspringen will, sprühend sprechen will, bald von dem, bald von jenem, da muss man *Tee* trinken!

Ja, sehen Sie, es ist so: Beim Diplomatentee – man sagt sogar schon «Diplomatentee»! –, da wird eben Tee getrunken. Der Journalist sitzt im Kaffeehaus, trinkt halt eine Tasse Kaffee nach der anderen aus, um damit zu seinen logischen Gedanken zu kommen.

Da sehen Sie schon, welchen Einfluss Nahrungs- oder Genussmittel haben können, und zwar auf das ganze Denken. Und so ist es natürlich auch mit anderen Dingen. Kaffee und Tee sind nur radikale Dinge. Aber gerade daran sieht man, dass man darauf achten muss, wie diese Dinge zueinander stehen. Das ist sehr wichtig, meine Herren.

Wir werden dann den nächsten Vortrag wiederum am Mittwoch um 9 Uhr haben.

Vierter Vortrag

Was macht der Alkohol im Körper des Menschen?

Dornach, 8. Januar 1923

Rudolf Steiner: Hat vielleicht jemand von Ihnen eine Frage auf dem Herzen?

Arbeiter fragen in Bezug auf die Wirkung des *Alkohols,* seine schädlichen Wirkungen und so weiter.

Rudolf Steiner: Sie meinen, inwiefern der Alkohol überhaupt schädlich ist für die Gesundheit?

Nun, nicht wahr, mit dem Alkohol ist es ja so, dass Sie seine erste Wirkung ganz unmittelbar sehen, ganz offenbar, nämlich dadurch, dass er gerade auf dasjenige im Menschen wirkt, was wir jetzt immer beschrieben haben: auf die ganze «Seelenverfassung».

Das Erste ist ja, dass der Mensch durch den Alkohol in eine Art geistiger Verwirrung kommt, die so stark wirkt, dass vor allen Dingen dann der Mensch Leidenschaften ausgesetzt ist, die sonst schwach in ihm sind und leichter durch den Verstand unterdrückt werden können. Sodass er dann, wenn er nicht Alkohol getrunken hat, vernünftiger erscheint, als er erscheint, wenn er Alkohol getrunken hat.

Der Alkohol wirkt zunächst anfeuernd auf sein Blut und

es tritt eine erhöhte Blutzirkulation ein. Das ist das Erste, dadurch wird das Leidenschaftsleben erregt. Der Mensch kommt zum Beispiel leichter in Zorn, während er sonst den Zorn leichter zurückdrängen kann.

Also Sie sehen, die erste Wirkung des Alkohols ist die, die auf den Menschen in seinem Verstandes- und überhaupt in seinem Seelenleben ausgeübt wird.

Wenn der Alkohol dann eine Zeit lang im Organismus geblieben ist, dann bewirkt er ja auch eine Erscheinung, die Sie sehr gut kennen und die man *Kater*° nennt. Gerade aus der Entstehung des Katers° aber ersehen Sie, dass der Alkohol zunächst so wirkt, dass sich der ganze Organismus dagegen sträubt.

Was heißt das, der Mensch hat einen Kater°? Das heißt eben nichts anderes, als dass der Mensch dadurch, dass er am Abend, sagen wir, betrunken war – der Kater° tritt ja in der Regel am Morgen auf, nachdem der Mensch am Abend betrunken war – und sein Blut in einer besonders starken Bewegung war, sehr viele Kräfte verbraucht hat, die dadurch verbraucht worden sind, dass er seinen Körper in schnelle Bewegungen gebracht hat, während sonst dieselben Bewegungen sich viel langsamer vollzogen hätten.

Also merken Sie sich einmal diese Sache ganz genau. Nehmen Sie an, der Körper will eine gewisse Tätigkeit in vierundzwanzig Stunden verrichten. Wenn nun einer sein gehöriges Maß Alkohol trinkt, so wird dieselbe Tätigkeit vielleicht schon in zwölf oder sogar sechs Stunden verrichtet. Dadurch nimmt sich der Körper innere Tätigkeit weg.

Es ist daher bei den Leuten, die gewohnt sind, sich ab und zu ein kleines Räuschchen anzutrinken, eine instinktmäßige Handlung, dass sie dann hinterher, bevor der Kater° kommt, kräftig essen. Warum tun sie das? Nun, wenn sie hinterher kräftig essen, so wird entweder der Kater° ganz vermieden, er kommt gar nicht, oder aber er kommt mindestens schwächer, sodass sie nachher, am nächsten Tag, arbeiten können.

Was geschieht, wenn einer sich ein wahrnehmbares Räuschchen angetrunken hat und nachher, sagen wir, eine Bratwurst isst? Dann bringt er seinen Körper wieder in Tätigkeit und ersetzt dasjenige, was durch die zu schnelle Tätigkeit aufgebraucht worden ist.

Wenn aber der Mensch das nicht tut, wenn er also nicht schon ein ziemlich abgehärteter Trinker ist – die abgehärteten Trinker tun das ja –, wenn er das nicht tut, sondern vergisst, die Bratwurst zu essen, dann kriegt er den Kater° aus dem Grund, weil dann sein Körper nicht mehr imstande ist, eine höhere Tätigkeit innerlich auszuüben.

Wenn aber die Tätigkeit nicht richtig ausgeübt wird, so lagern sich überall Unratsprodukte ab, namentlich Harnsäureprodukte. Die lagern sich namentlich im Kopf ab, weil der am schwersten zu versorgen ist.

Und so geht dann ein Mensch, der in der Nacht seine körperliche Tätigkeit, seine innere körperliche Tätigkeit durch Alkoholtrinken verbraucht hat, am nächsten Morgen so herum, dass eigentlich sein Kopf so ist, wie sonst seine Gedärme sind: Unrat ist drinnen abgelagert. Und das schließt ein, dass der Körper sofort revoltiert, wenn ihm also durch den Alkoholgenuss zu viel Tätigkeit abgefordert wird.

Nun ist das ja so, dass der Mensch, wie ich Ihnen schon einmal bei den Vorträgen gesagt habe, eigentlich viel mehr vertragen kann – ich meine jetzt nicht nur in Bezug auf Alkohol, sondern überhaupt –, viel mehr vertragen kann, als man gewöhnlich voraussetzt. Es kann das nämlich lange Zeit hindurch wiederum ausgeglichen werden.

Und Sie finden ja sogar ein sehr trügerisches, ein sehr verdächtiges Gegenmittel gegen den Kater° bei manchen Leuten, nicht wahr, das darin besteht, dass wenn sie nun am nächsten Morgen mit einem riesigen Kater° wieder aufstehen oder wieder nach Hause kommen – was tun sie dann? Nun, das werden Sie auch schon erlebt haben: Sie saufen nämlich am nächsten Morgen weiter, sie machen den Frühschoppen zu einer besonderen Kur, sie saufen dann weiter!

Und was ist das, dass sie dann weitersaufen? Ja, sehen Sie, dem Körper ist in der Nacht Tätigkeit entzogen worden, dadurch, dass das Blut in besondere Wallungen gebracht worden ist. Nun fehlt diese Tätigkeit am Morgen. Aber der Körper wird noch einmal aufgestachelt durch das Weitersaufen, dass die letzten Reste von Tätigkeit, die er noch haben kann, auch noch aufgebraucht werden.

Weil die letzten Reste den hauptsächlichsten Unrat noch wegschaffen, geht der Kater° bis zu einem gewissen Grad aus dem Kopf fort, bleibt aber erst recht im übrigen Körper vorhanden. Nur, was dann erst recht im übrigen Körper vorhanden ist, das spüren dann die Leute weniger. Sodass das Weitersaufen am Morgen eigentlich dazu führt, dass der Kater° unbewusst in den übrigen Organismus übergeht. Und dann erst, wenn das geschieht, fängt das wahre Elend für den Körper an.

Diejenigen Säufer sind am schlimmsten dran, die den Kater° mit Weitersaufen vertreiben. Denn dann wird nach und nach, wenn sich das wiederholt, der ganze Körper ruiniert.

Aber noch immer ist es so, dass es fast unmöglich ist – weil der Mensch eben viel vertragen kann –, den Körper gleich ohne weiteres zu ruinieren. Daher ist das Erste bei einem richtigen Säufer, dass er eine Art Delirium bekommt, den *Säuferwahnsinn*. Es geht da noch nicht ins Ruinieren hinein, sondern Sie können daraus ersehen, wenn dieses «Delirium tremens», wie es die Wissenschaft nennt, eintritt, dass sich der Körper noch wehrt, es ganz in sich hereinzulassen.

Wenn das Delirium tremens eintritt, bekommen die Menschen eine Art Verfolgungswahn. Sie sehen überall um sich herum eine Art kleiner Tiere, Mäuse und so weiter, herumlaufen. Sie kriegen eine Art Verfolgungswahn. Das Delirium tremens ist damit verknüpft, dass die Menschen sich überall verfolgt fühlen von kleinen Tieren, von Mäusen namentlich.

Das ist ja etwas, was sogar geschichtlich geworden ist: Es gibt «Mäusetürme». Die haben meistens ihren Namen daher, dass da in früheren Zeiten irgendeiner eingesperrt war, der Säuferwahnsinn hatte und der da drinnen von Mäusen geplagt worden ist, die er sich bloß vorgestellt hat – es werden schon auch welche drinnen gewesen sein. Denn der, der da drinnen war, hat überall um sich herum Tausende und Tausende von Mäusen gesehen, die nicht da waren.

Sie sehen also: Man kann dasjenige, was im Menschen wirkt, wenn er sich durch Alkohol ruiniert, sogar sehr schwer in den Körper ganz hineinkriegen. Es sträubt sich der Körper durchaus lange Zeit gegen diese Geschichte, die durch den Alkohol angerichtet wird.

Und das Interessante ist ja das, dass dann bei den Leuten, wenn sich das Gewissen regt – sagen wir, sie haben eine Zeit lang gesoffen, frühmorgens weitergesoffen, und dann regt sich plötzlich das Gewissen, und sie hören auf zu saufen, sie haben sich noch dieses bisschen Energie aufbewahrt, dass sie aufhören zu saufen –, was geschieht dann?

Wenn sie früher noch nicht den Säuferwahnsinn gehabt haben, kriegen sie ihn dann.

Das ist die interessanteste Tatsache, dass manchmal derjenige, der lange Zeit getrunken hat, wenn er nun aufhört zu trinken, gerade dann den Säuferwahnsinn kriegt.

Das ist eines der wichtigsten Zeichen dafür, dass der Mensch so angesehen werden muss, dass der Kopf anders wirkt – ich habe Ihnen das in den letzten Vorträgen für viele Dinge angeführt – als der übrige Körper.

Solange nämlich der Mensch die Säuferkrankheit im Kopf hält, da geht es ihm noch passabel, da hat er die Sache noch nicht im übrigen Körper drinnen. Wenn er sie aber da drinnen hat und nachher den Alkohol sich abgewöhnt, dann revoltiert erst recht der übrige Körper durch den Kopf herauf. Und dann kriegt er gerade durch das Abgewöhnen den Säuferwahnsinn. Wenn er nicht mehr angeregt wird, kriegt er gerade den Säuferwahnsinn.

So kann man sagen: Im Blut des Menschen ist das körperliche Gegenstück für die wichtigsten Seelenverrichtungen.

Sie wissen ja vielleicht, dass manche Leute an Verfolgungswahn leiden, dadurch, dass sie allerlei Gestalten sehen, die nicht da sind. In früheren Zeiten – und es war das namentlich eine ganz gesunde Kur – hat man sie dann zur Ader gelassen.

Man darf gar nicht glauben, dass alle Leute früher so

abergläubisch waren, wie man heute annimmt. Aderlass ist nicht etwas, was vom Aberglauben gekommen ist.

Man hat sie zur Ader gelassen, namentlich hat man ihnen irgendwo Blutegel aufgesetzt, die ihnen das Blut abgezapft haben. Dann ist das Blut weniger mächtig gewesen. Nicht gerade bei Säufern, aber bei anderen Wahnsinnsanfällen ist das Blut dann weniger mächtig gewesen und es ist ihnen dann besser gegangen.

Was außerordentlich verwandt ist mit all dem, was die Grundlagen der seelischen Eigenschaften des Menschen sind, das Nervensystem, habe ich Ihnen ja auch angeführt. Aber das ist namentlich für den Willen des Menschen viel weniger wichtig, es ist wichtig für den Verstand, aber es ist für den Willen des Menschen viel weniger wichtig als das Blut.

Nun, wenn Sie aber gerade sehen, dass der Alkohol das Blut im eminentesten Sinne angreift, so ist daraus zu erkennen, dass das Blut, weil der Körper so stark revoltiert gegen das, was der Alkohol anrichtet, sehr geschützt ist dagegen. Das Blut ist wirklich außerordentlich stark geschützt gegen das, was der Alkohol anrichtet, gegen die Angriffe des Alkohols im Menschen.

Und da müssen wir uns fragen: Wodurch ist denn eigentlich das Blut im Menschen so außerordentlich stark geschützt gegen die Angriffe? Da müssen wir weiterfragen: Wo entstehen denn eigentlich die wichtigsten Dinge, die im Blut drinnen sind?

Erinnern Sie sich, ich habe Ihnen gesagt: Das Blut besteht aus den *roten Blutkörperchen,* die eisenhaltig sind, die im sogenannten Blutserum herumschwimmen. Dann besteht es aus den *weißen Blutkörperchen.* Ich habe Ihnen gesagt, was die wichtigsten Bestandteile des Blutes sind: rote und weiße Blutkörperchen.

Diejenigen Blutkörperchen, die mit der Milztätigkeit zusammenhängen, die wir bei unseren Untersuchungen in Stuttgart die sogenannten Regulatoren genannt haben, berücksichtigen wir jetzt nicht. Es sind ja viele Körperchen im Blut drinnen.

Wir wollen jetzt nur auf die roten und auf die weißen Blutkörperchen sehen und wollen uns fragen: Wo entstehen denn eigentlich im Körper diese Blutkörperchen?

Ja, sehen Sie, diese Blutkörperchen, die entstehen nämlich an einem ganz besonderen Ort. Wenn Sie sich hier einen Oberschenkelknochen denken, vom Becken aus bis zum Knie, irgendeinen Knochen denken, einen Armknochen, irgendeinen Hohlknochen, so werden Sie in diesem Knochen drinnen überall das sogenannte *Knochenmark* finden. Da ist das Mark drinnen, das Knochenmark.

Und sehen Sie, meine Herren, in diesem Knochenmark entstehen die roten und weißen Blutkörperchen (s. Zeichnung) und marschieren dann erst in die Blutadern hinein.

Der menschliche Körper ist so organisiert, dass in den inneren Höhlungen seiner Knochen sein Blut, eigentlich das Wichtigste in ihm, erzeugt wird.

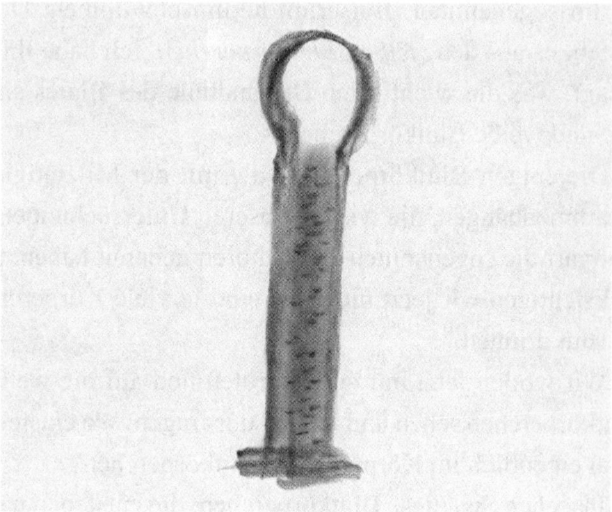

Wenn das der Fall ist, dann können Sie sich sagen: Das Blut ist in seiner Erzeugung wirklich außerordentlich stark geschützt gegen die Ruinierung.

Denn da muss der Alkohol tatsächlich schon sehr lange genossen werden und sehr schlimm genossen werden, wenn er auch die Knochen so weit kaputt machen soll, dass er bis in ihr Innerstes, bis in ihr Mark hineindringt und sie dort kaputt macht, das Knochenmark ruiniert, sodass keine roten und weißen Blutkörperchen mehr erzeugt werden.

Und da beginnt erst für die Menschen, die den Alkohol genießen, die eigentlich verderbliche Sache: wenn sie so weit gekommen sind, dass der Alkohol bis ins Knochenmark hinein gewirkt hat.

Nun ist es so, dass zwar die Menschen in Bezug auf ihren Verstand, in Bezug auf ihre seelischen Eigenschaften vielfach gleich sind, aber in Bezug auf das Blut sind die Menschen nach Mann und Weib, nach Mann und Frau, sehr verschieden voneinander. Das ist eine unbewusste Verschiedenheit, die aber sehr deutlich zutage tritt.

Nämlich dasjenige, was da im Inneren der Knochenhöhle erzeugt wird, also die roten und die weißen Blutkörperchen, die haben auf den Menschen so einen Einfluss, dass die roten Blutkörperchen wichtiger sind bei der Frau, die weißen Blutkörperchen wichtiger sind beim Mann. Das ist sehr wichtig:

- Die roten Blutkörperchen sind wichtiger bei der Frau,
- die weißen Blutkörperchen sind wichtiger beim Mann.

Daher ist das so: Die Frau hat, wie Sie wissen, alle vier Wochen ihre Periode, die im Wesentlichen in einer Tätigkeit des menschlichen Körpers besteht, etwas auszuscheiden, was an roten Blutkörperchen ausgeschieden werden muss.

Der Mann hat keine Periode, und Sie wissen ja auch, dass der Same des Mannes so ist, dass er nicht gerade vom roten Blut seine Abkunft verrät. Er hat seine Abkunft von den weißen Blutkörperchen. Die ändern sich vielfach um, aber sie werden zuletzt zu dem, was im männlichen Samen das Wichtigste ist.

So müssen wir bei dem, was auf die menschliche Fortpflanzung Bezug hat, bis zu dem geschützten Knochenmark gehen, wenn wir überhaupt prüfen wollen, wodurch die menschliche Fortpflanzungsfähigkeit physisch beeinflusst werden kann. Physisch beeinflusst werden kann die menschliche Fortpflanzungsfähigkeit eben durch das Knochenmark, im Inneren der Knochen.

Nun kommen aber natürlich die roten und die weißen Blutkörperchen, wenn sie in den Knochen drinnen erzeugt sind, ins Blut hinein. Wenn nun die Frau Alkohol trinkt, so werden natürlich ganz besonders die roten Blutkörperchen beeinflusst. Die roten Blutkörperchen enthalten Eisen, sind etwas schwer, haben die Schwere der Erde in sich.

Wenn also die Frau säuft, so bewirkt das, dass zu viel Schwere in ihr ist. Die Folge davon ist, dass wenn die Frau säuft, das Kind, das sich ausbilden soll, zu schwer wird, also innerlich seine Organe nicht richtig entwickeln kann. Es wird innerlich ausgestaltet und hat seine innerlichen Organe nicht in Ordnung. Und in diese inneren Organe zieht der schädliche Einfluss durch den Alkohol bei der Frau.

Beim Mann ist es so, dass durch den Alkohol vorzugsweise die weißen Blutkörperchen beeinflusst werden. Und wenn dann unter dem Einfluss des Alkohols Befruchtung eintritt – oder wenn der Mann überhaupt unter dem Einfluss der Zuführung des Alkoholischen verseucht ist –, dann wird der Same in der Weise ruiniert, dass er zappelig wird.

Denn die Befruchtung geschieht ja so, dass vom mütterlichen Organismus dieses kleine Ei abgesondert wird. (s. Zeichnung) Das kann man nur mit dem Mikroskop sehen in dem Zustand, wie es ist, wenn die Befruchtung stattfindet. Also das Ei wird abgesondert.

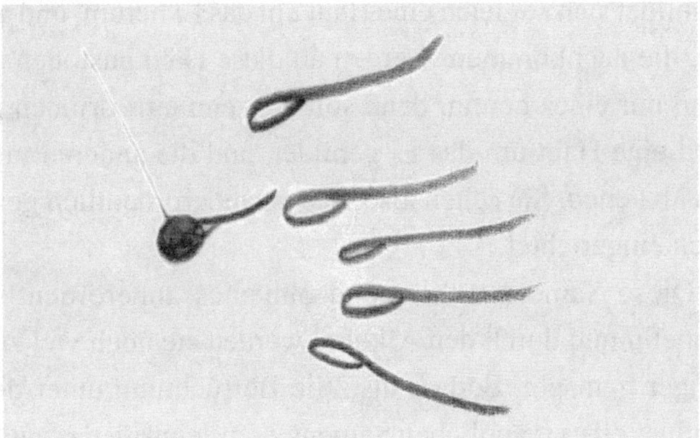

Vom Mann wird abgesondert eine ganze Menge solcher Samenkörperchen. Die haben alle solch einen Schwanz an sich. In der Samenflüssigkeit sind unzählige solcher

Samenbläschen drinnen. Und dieser Schwanzfaden, den sie da an sich haben, der ist ein Flimmerhärchen. Und durch dieses feine Haar sind diese Samenkörperchen ohnedies furchtbar zappelig, sie machen die kompliziertesten Bewegungen.

Eines muss natürlich zuerst beim weiblichen Ei ankommen. Dasjenige, das nun zuerst ankommt, das wird vom weiblichen Ei aufgenommen. Es ist viel kleiner als das weibliche Ei. Obwohl das auch nur mit dem Mikroskop wahrgenommen werden kann, ist das männliche Samenbläschen noch viel kleiner. Das wird aufgenommen.

Und in dem Augenblick, wo es in das Ei aufgenommen ist, bildet sich sogleich eine Haut um das Ei herum, und alle die, die nachkommen, werden an diese Haut anstoßen. Es kann nur eines herein, denn sofort, wenn eins drinnen ist, wird eine Haut um das Ei gebildet, und die anderen müssen abziehen. Sie sehen also, das ist außerordentlich geistreich eingerichtet.

Diese Samentierchen sind ohnedies außerordentlich zappelig und durch den Alkohol werden sie noch viel zappeliger gemacht. Sodass also die Befruchtung unter dem Einfluss eines männlichen Samenwesens eintritt, das außerordentlich beweglich ist. Und die Folge davon ist, dass beim Menschen durch die Befruchtung dann besonders auf sein Nervensystem und Sinnessystem gewirkt wird, wenn der Mann säuft. Sodass

- wenn die Frau säuft, die inneren Organe durch die Schwere ruiniert werden;
- wenn der Mann säuft, dann das Nervensystem des Kindes ruiniert wird.

Die ganze Tätigkeit wird ruiniert, die in der richtigen Weise da sein soll, wenn das Kind eben heranwächst.

Man kann also sagen: Durch die Frau, wenn sie säuft, wird das Irdische am Menschen ruiniert, und durch den Mann, wenn er säuft, wird das Bewegliche, das Luftige, was im Umkreis der Erde ist und was der Mensch auch in sich trägt, ruiniert. Sodass also von zwei Seiten her die Frucht ruiniert wird, wenn beide saufen.

Natürlich, dann ist es schon gar keine ordentliche Befruchtung, das heißt, Befruchtung ist wohl möglich, aber es ist wirklich kein ordentliches Wachstum der Frucht möglich.

Denn auf der einen Seite will dann das Ei seine Schwere geltend machen, und auf der anderen Seite ist darin alles in einer zappelnden Bewegung – und es widerspricht eines dem anderen. Das Männliche widerspricht dem Weiblichen bei einer solchen Befruchtung, wo alle beide saufen.

Sodass also bei demjenigen, der den ganzen Zusammenhang versteht, klar ist, dass bei gewohnheitsmäßigen Trinkern tatsächlich in die Frucht außerordentliche Schädlichkeiten hineinkommen. Aber das glauben einem ja die Leute nicht, weil der Einfluss des Saufens bei Männern und Frauen verhältnismäßig noch nicht so sichtbar ist.

Aber dies ist eben nur deshalb, weil das Blut so geschützt ist, sogar im Knochenmark drinnen erst erzeugt wird, weil also die Menschen schon sehr viel tun müssen, wenn sie die Nachkommenschaft stark beeinflussen wollen. Und das schwache Beeinflussen, das gestehen sich die Leute heute eben einfach nicht ein.

Nicht wahr, wenn ein Kind mit einem Wasserkopf geboren wird, so prüft man in der Regel nicht, ob die Befruchtung gerade in einer Nacht war, nachdem die Mutter bei einem Souper (Abendessen) war und dort Rotwein getrunken hat, obwohl es sich herausstellen würde, wenn man es nachprüfte – weil da die Schwere zu stark wird und das Kind mit einem Wasserkopf geboren wird.

Wenn dagegen das Kind mit einem Gesichtsmuskelzucken geboren wird, dann wiederum prüft man in der Regel auch nicht, ob der Mann etwa am Abend zu stark getrunken hatte, worauf die Befruchtung geschah. Die Dinge, die, ich möchte sagen, im Kleinen sind, die prüft man eben nicht.

Und daher kommt es, dass die Leute glauben, es sei kein Einfluss da. Er ist schon immer da, aber die ganz schädlichen Einflüsse, die geschehen bei Gewohnheitstrinkern. Und da ist auch wiederum ein Auffälliges, ein sehr Merkwürdiges vorhanden.

Sehen Sie, wenn zum Beispiel der Mann säuft, so kann es sich herausstellen, dass die Kinder irgendwo in ihrem Nervensystem schwach werden und, sagen wir, zum Beispiel Anlage zu Lungenschwindsucht haben. Es braucht gar nicht das, was auf die Kinder vererbt wird, zusammenzuhängen mit dem Alkoholgenuss des Mannes. Sie brauchen zum Beispiel nicht Anlage zu haben zur Kopfverwirrung, sondern zur Lungenschwindsucht oder zur Magenverstimmung und dergleichen.

Also das ist eben das Heimtückische, dass dasjenige, was durch den Alkohol verbrochen wird, einfach auf ganz andere Organsysteme beim Menschen übergeht.

Nun muss man bei diesen Dingen wirklich immer berücksichtigen, wie großen Einfluss kleine Mengen von Stoffen auf die menschliche Entwicklung überhaupt haben. Und nicht nur das, sondern man muss überall berücksichtigen, wie diese Stoffe an den Menschen herangebracht werden.

Bedenken Sie zum Beispiel das Folgende: Wir haben in unseren Knochen eine ziemliche Menge phosphorsauren Kalk. Wir haben in unserem Gehirn auch *Phosphor,* und Sie werden aus früheren Vorträgen wissen, dass der nützlich ist, der Phosphor, denn ohne Phosphor könnte man das Gehirn eigentlich gar nicht zum Denken benutzen. Also wir haben Phosphor in uns.

Ich habe Ihnen sogar einmal gesagt: Der Phosphor ist dann günstig, wenn er mit den Nahrungsmitteln in der richtigen Menge aufgenommen wird, damit er überall mit derselben Schnelligkeit verdaut wird, die in dem Menschen überhaupt ist. Wenn man dem Menschen eine Menge Phosphor in den Magen hineinbringt und er zu schnell hineingeht, dann ist er nicht nützlich, dann ist er schädlich.

Aber es kommt noch etwas anderes in Betracht. Sie wissen, dass man früher Phosphorzündhölzchen gemacht hat. Sie sind jetzt etwas seltener geworden, aber einmal hat man Gelegenheit gehabt, wie es zum Beispiel bei mir als Bub der Fall war, so etwas zu beobachten.

Es war in der Nähe unserer Wohnung eine *Zündwarenfabrik*. Ich musste als Bub täglich eine Stunde zur Schule gehen, so mit 13, 14, 15 Jahren, und in der Hälfte des Weges war diese Zündwarenfabrik. Da arbeiteten also die Arbeiter daran, die Zündhölzel, die Phosphorhölzel herzustellen. Ja, da erlebte man es, dass eine Anzahl dieser Arbeiter – das war in den siebziger Jahren des vorigen Jahrhunderts – immer mit zerfressenen Kiefern herumliefen, dass sie also zerfressene Kiefer kriegten und vom Kiefer aus wurde ihr Körper zerstört. Ober- und Unterkiefer, aber namentlich der Oberkiefer, an dem fingen die Knochen an zerfressen zu werden.

Wer einmal eine solche Zündhölzchenfabrik gesehen hat, der wird überhaupt finden, wenn er das weiß, was der

Phosphor für einen schädlichen Einfluss auf den Menschen haben kann, der wird wissen, dass eine solche Zündhölzchenfabrik tatsächlich zu dem Mörderischsten gehört, was man nur haben kann.

Es ist bei den Dingen, die der menschlichen «Zivilisation» angehören, immer auch notwendig, dass man auf die zahlreichen Schädigungen hindeutet, die der Mensch dadurch zugleich erleiden kann.

Immer gingen eine Anzahl von diesen Arbeitern in diese Zündhölzchenfabrik mit zugebundenen Kiefern hinein. So fing die Sache an. Und dann, nicht wahr, breitete sich das aus auch im Oberkiefer. Selbstverständlich ist der Phosphor schon drinnen gewesen, aber was für ein Phosphor?

Sehen Sie, der Phosphor, der mit den Nahrungsmitteln zunächst in den Magen hineingekommen ist, dann von innen aus den ganzen Weg zu den Kiefern gemacht hat, der ist nicht schädlich, wenn nicht zu viel davon eingetrieben wird.

Dagegen, nicht wahr, werden die Zündhölzel so fabriziert, dass sie in langen Stangen geformt werden, und dann werden sie mit Schneidemaschinen zu kleinen Stangen gemacht. Dann werden sie in Rahmen gespannt, da ragt ein kleines Stückchen heraus, und da werden sie dann zuerst in ein Schwefelbad und dann in das Phosphorbad getaucht. Das hielt ja der Arbeiter einfach in seiner Hand. Es kamen also immer Spritzer aus dem Rahmen.

Nun denken Sie, wie oft am Tag sich der Mensch, da er sich nicht immer waschen kann, sich bei der Arbeit einfach irgendwie ins Gesicht streicht. Es sind gewiss außerordentlich geringe Mengen von Phosphor, die da an den Menschen herankommen, aber sie kommen heran – jetzt nicht von innen heraus, sondern von außen hinein.

Und das ist ja das Geheimnis der menschlichen Natur, dass dasjenige, was oftmals außerordentlich nützlich sein kann, wenn der Mensch es von innen aufnimmt und es erst durch den Körper verarbeitet, das größte Gift sein kann, wenn es von außen an den Körper herankommt.

Sehen Sie, von innen ist der menschliche Organismus so weise eingerichtet, dass er dasjenige, was zu viel Phosphor ist, mit dem Urin oder mit den Fäkalien wieder absondert. Er lässt nur die kleine Menge in die Knochen kommen, die notwendig ist. Er rangiert dasjenige aus, was überflüssig ist.

Aber was von außen kommt, dafür hat ja der Mensch kein Interesse, es wieder abzusondern. Gewiss, man kann ja nachhelfen. Man könnte allerdings zum Beispiel schon dadurch eine große Wohltat hervorrufen – aber denken Sie doch, wie wenig noch in den siebziger Jahren überhaupt an Humanität gedacht worden ist –, man könnte zum Beispiel dadurch Abhilfe schaffen, dass man ein heißes Bad einrichtet, in dem jeder Arbeiter sich baden müsste, wenn er weggeht. Durch eine solche Einrichtung würde natürlich schon ungeheuer viel erzielt werden können. Aber solche Sachen werden eben einfach nicht gemacht.

Nun, ich wollte Ihnen dadurch nur zeigen, wie der menschliche Körper eingerichtet ist – dass er so eingerichtet ist, dass durch ganz kleine Schädigungen von außen, sogar durch dieselben Stoffe, die er sonst zu seinem Aufbau braucht, durch ganz kleine Schädigungen dasjenige eintreten kann, was also dazu führt, dass die ganze Gesundheit des Menschen, überhaupt die ganze Organisation des Menschen untergraben wird.

Der Mensch kann viel aushalten, aber von einem gewissen Moment ab versagt dann doch der Organismus. Und beim Alkoholtrinken ist es so, dass der Organismus von dem Moment an versagt, wo der Alkohol irgendwie verhindert, dass die Lebenstätigkeit, die unsichtbare Lebenstätigkeit, in der richtigen Weise verläuft.

Wenn man den Menschen einer Phosphorvergiftung aussetzt, so weiß man, dass da einfach die innere Tätigkeit untergraben wird, die sonst den Phosphor verarbeitet. Sie wird von außen untergraben.

Beim Alkohol ist es eigentlich, ich möchte sagen, ganz ähnlich, beim Alkohol ist es so: Wenn der Mensch zu viel Alkohol trinkt und immer wieder und wiederum trinkt, sodass der Alkoholgenuss, wie man sagt, nicht nur akut ist, sondern «chronisch» wird, so kommt es eben so weit, dass der Alkohol im Menschen als Alkohol wirkt.

Wie wirkt er dann aber als Alkohol? Nun, da möchte ich Sie daran erinnern, dass ich Ihnen einmal gesagt habe: Die Mengen Alkohol, die der Mensch braucht, die erzeugt er sich selber. Ich sagte Ihnen: In den Stoffen, die in den Gedärmen sind, wird immer eine gewisse Menge Alkohol durch die gewöhnlichen Nahrungsmittel erzeugt, weil der Mensch diese kleinen Mengen Alkohol braucht. Wozu braucht er sie?

Nun, da brauchen Sie sich nur zu erinnern, wenn Sie einmal in irgendeinem anatomischen Kabinett gewesen sind und die Präparate gesehen haben, dass die in Alkohol hineingegeben sind, weil sie sonst verfaulen würden. Der Alkohol hindert dasjenige, was lebendiger Körper ist, am Verfaulen. Das bewirkt aber der Alkohol, der im menschlichen Körper selbst erzeugt wird, auch im menschlichen Organismus: Er hindert das Faulen gewisser Stoffe, die der Mensch braucht.

Sodass dem Menschen durch seine innere Organisation eigentlich vorgeschrieben ist, wie viel Alkohol er haben soll. Denn er hat einfach in sich gewisse Stoffe, die sonst faulen würden, die aber im Körper sein müssen und die eben konserviert werden müssen.

Aber bedenken Sie jetzt: Der Mensch trinkt zu viel Alkohol. Dann wird zu viel konserviert, dann wird dasjenige, was eigentlich abgehen soll, im Körper erhalten. Wenn der Mensch jetzt immer wieder und wieder sein Blut, das im Körper zirkuliert, dem Alkohol aussetzt, dann konserviert er sich dieses Blut im Körper drinnen. Und was ist die Folge?

Die Folge davon ist, dass dieses Blut die Kanäle in den Knochen verstopft, weil es gegenwirkt. Es wird nicht schnell genug wiederum durch die Poren und so weiter herausbefördert. Es bleibt zu lange im Körper. Dadurch wird das Mark in der Knochenhöhlung zu wenig veranlasst, neues Blut zu bilden, und wird dadurch schwach.

Und dasjenige, was beim sogenannten chronischen Alkoholiker eintritt, das ist, dass das Knochenmark mit der Zeit schwach wird. Und dann erzeugt es eben bei der Frau nicht mehr die richtigen roten Blutkörperchen und beim Mann nicht mehr die richtigen weißen Blutkörperchen.

Sehen Sie, ich muss immer wieder bei solchen Gelegenheiten eines sagen: Nicht wahr, es ist ja ganz schön, wenn die Menschen soziale Reformen ausdenken, sagen wir zum Beispiel Alkoholverbote und so weiter. Gewiss, es ist sehr schön.

Aber ich meine Folgendes: Sehen Sie, selbst solch ein gelehrter Mann wie der Professor Benedikt, von dem ich Ihnen einmal erzählt habe, dass er die Schädel der Verbrecher sammelte und dann die ungarischen Verbrecher gesagt haben, sie wollen ihre Schädel nicht nach Wien gesandt haben, weil sie dann nicht mit ihren übrigen Knochen am

Jüngsten Tag zusammenfinden – dieser Mann hat zu Recht gesagt: «Nun ja, da reden die Leute gegen den Alkohol. Aber viel mehr Leute sind durch Wasser zugrunde gegangen als durch Alkohol!»

Das ist natürlich im Allgemeinen auch wahr, weil das Wasser, wenn es Verunreinigungen enthält, gleich in einer viel größeren Menge bemerkbar auftritt. Sodass wenn man es einfach statistisch betrachtet, man natürlich sagen kann: Viel mehr Leute sind durch das Wasser zugrunde gegangen als durch den Alkohol.

Aber es kommt etwas anderes in Betracht, und da möchte ich sagen: Beim Alkohol ist es so wie bei der Geschichte, die dem Leberecht Hühnchen passiert ist – ich weiß nicht, ob Sie die kennen.

Es ist die Geschichte, wo einer ein armer Teufel, ein armer Schlucker ist und sich nur ein Ei kaufen kann. Aber er hat eine große Fantasie zu diesem Ei dazu, und da denkt er sich, wenn dieses Ei jetzt nicht beim Krämer gewesen wäre, sondern richtig bebrütet worden wäre, so wäre daraus eine Henne entstanden. «Wenn ich also nun dieses Ei esse, so esse ich eigentlich die ganze Henne.» In seiner Fantasie stellt er sich das nun vor: «Nun bin ich eigentlich doch ein richtig reicher Kerl, der sein Huhn essen kann!»

Aber seine Fantasie war damit noch immer nicht befriedigt, sondern er dachte weiter, er sagte: «Ja, aber das Huhn, das ich jetzt esse, das hätte ja wiederum soundso viele Eier legen können, aus denen wiederum Hühner ausgekrochen wären. Und diese Hühner alle, die esse ich eigentlich mit diesem Ei mit!» Und schließlich rechnete er sich aus, wie viel Millionen und Millionen Hühner das wären. Dann sagte er sich: «Hieße das nicht schlampampen?!» (schlemmen)

Nun, sehen Sie, ich möchte sagen: So ist die Geschichte beim Alkohol – nun nicht im Spaß, sondern im Ernst.

Gewiss kann man statistisch sagen, wenn man die Zeit von 1870 bis 1880 annimmt und prüft, wie viele Menschen da an Wasser und wie viele an Alkohol zugrunde gegangen sind auf der ganzen Erde, dann überwiegt die Menge von Leuten, die an Wasser zugrunde gegangen sind. Damals starben ja die Leute an Typhus und so weiter noch viel mehr als heute. Der kann ja vielfach mit der Verunreinigung des Wassers zusammenhängen, der Typhus. Ja, meine Herren, da kann man leicht ausrechnen, dass viel mehr an Wasser zugrunde gehen als an Alkohol.

Aber man muss noch anders denken. Man muss wissen, dass der Alkohol nach und nach bis ins Knochenmark hineingeht und nach und nach das Blut ruiniert. Dadurch, dass er dann die Nachkommenschaft ruiniert, ist die ganze nachkommende Familie ruiniert.

Wenn ein Mensch also, sagen wir, drei Kinder hat, so sind diese drei Kinder zunächst ein bisschen ruiniert. Aber diejenigen, die wieder von diesen dreien entstehen, die sind stark ruiniert. Und so ruiniert man für lange Zeiten hinaus die Menschen durch den Alkohol.

Und vieles, was heute an Schwäche in der Menschheit vorhanden ist, ist einfach dadurch vorhanden, dass die Vorfahren zu viel getrunken haben.

Da ist es wirklich so, dass man sich vorstellen muss: Da ist ein Mann und eine Frau. Der Mann säuft. Die Nachkommenschaft wird dadurch schwach im Körper. Nun denken Sie sich einmal, was das schon nach einem Jahrhundert oder gar nach mehreren Jahrhunderten bedeutet!

Also da nützt es nichts, wenn man einfach die Zeit, sagen wir, von 1870 bis 1880 annimmt und sagt: Es sind da mehr Menschen an Wasser zugrunde gegangen als an Alkohol. Da muss man über große Zeiträume hinausschauen.

Und das ist dasjenige, was die Leute heute nicht gerne machen – höchstens im Spaß eben machen, wie der Verfasser von «Leberecht Hühnchen», der natürlich auch über große Zeiträume hinüberschauen muss, wenn er sich denken will, wie er schlampampen kann.

Also Gedanken, die über das Allernächste hinausschauen, die muss man haben, wenn man über diese Sache sozial denkt.

Und da muss ich Ihnen als meine Meinung sagen: Verbieten kann man ja den Alkohol. Aber sehen Sie, dann treten merkwürdige Erscheinungen auf.

Sie wissen ja zum Beispiel, dass heute die Menschen in vielen Erdgegenden dazu gekommen sind, den Alkoholverkauf einzuschränken oder ganz zu verbieten. Aber ich mache Sie darauf aufmerksam, was für ein Übel in Europa in der letzten Zeit eingetreten ist: Der Kokaingenuss nämlich, der von den Leuten auch gemacht wird, um sich zu betäuben.

Und dagegen ist der Alkohol noch Gold, gegen das, was der *Kokaingenuss* anstellen wird, namentlich an Zerstörung der menschlichen Fortpflanzungskräfte! Der eine oder der andere wird das nicht für unverantwortlich halten, dass er Kokain genießt. Aber schon an den äußeren Symptomen können Sie sehen, wie viel schlimmer der Kokaingenuss ist als der Alkoholgenuss.

Wenn einer durch den Alkohol das Delirium tremens kriegt, so äußert sich dies durch eine Art Verfolgungswahn. Er sieht überall Mäuse, die ihn verfolgen. Wenn aber einer Kokain genießt, dann kommen Schlangen überall aus seinem Körper heraus!

Erst betäubt sich solch ein Mensch, der Kokain genießt. Das ist angenehm zuerst, es ist eine Art Wollust beim Kokaingenuss. Aber dann, wenn er sich selber anschaut, wenn er längere Zeit das Kokain nicht gegessen hat, dann schaut er für sich selber so aus: Überall kommen aus seinem Körper Schlangen heraus. (s. Zeichnung)

Und er, er läuft nur rasch, um wiederum Kokain zu genießen, damit die Schlangen für eine Zeit lang aufhören. Denn die Furcht, die er vor den Schlangen hat, die ist noch

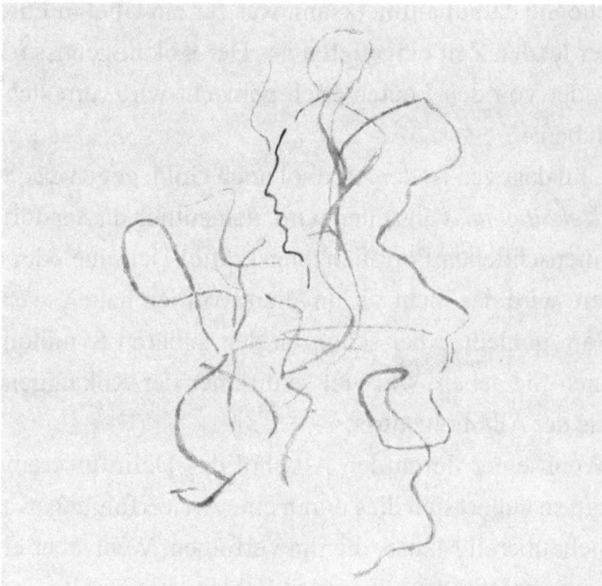

viel größer als die Furcht, die der Alkoholiker im Delirium tremens vor den Mäusen hat.

Und so kann man wohl allerlei verbieten, aber die Menschen kommen dann eben auf allerlei anderes, was in der Regel nicht viel gescheiter, sondern eher schlimmer ist.

Und da glaube ich, dass *Aufklärung* darüber, wie der Alkohol wirkt, in der Weise, wie wir es heute zum Beispiel vor uns hingestellt haben, dass Aufklärung wirklich viel mehr wirken kann – gerade Aufklärung, die den Menschen allmählich dazu bringt, von selber den Alkohol zu lassen.

Es beeinträchtigt nicht die menschliche Freiheit, aber es erzeugt die Aufklärung zugleich das, dass der Mensch sich sagt: «Das ist aber unheimlich! Bis in die Knochen herein werde ich ruiniert!» Das wirkt dann auf das Gefühl, während Gesetze nur für den Verstand wirken.

Die richtigen Wahrheiten, die richtigen Erkenntnisse, die sind eben solche, die bis ins Gefühl hineinwirken. Deshalb ist meine Überzeugung: Zu einer wirksamen Sozialreform – denn auf anderen Gebieten ist es nämlich fast ebenso wie hier – kommen wir doch nur, wenn wir in weitesten Kreisen für eine wirkliche Aufklärung sorgen.

Aber diese wirkliche Aufklärung kann man ja erst dann schaffen, wenn etwas da ist, mit dem man aufklären kann!

Denn sehen Sie, wenn Sie sich heute irgendwo einen Vortrag über die Schädlichkeit des Alkohols halten lassen – Sie werden die Sache nicht so dargestellt finden, wie ich sie Ihnen jetzt dargestellt habe, obwohl das nicht einmal so besonders schwer ist, denn die Tatsachen kennen die Leute. Sie wissen nur nicht in der gehörigen Weise über diese Tatsachen zu denken. Die Tatsachen kennen sie schon.

Sie gehen meistens aus solchen Vorträgen, die da gehalten werden von einem heutigen Dutzendgelehrten, heraus und wissen nicht recht, etwas Besonderes damit anzufangen. Und wenn sie besonders gutmütig sind, so sagen sie: «Na Gott, man ist halt nicht vorbereitet, man hat die Geschichte nicht verstanden. Der gelehrte Herr weiß das alles. Man kann als einfacher Mensch nicht alles verstehen!»

Aber der Grund ist, dass der selber das nicht versteht! Wenn man nämlich eine Wissenschaft hat, die wirklich auf die Fundamente geht, auf die Grundlagen geht, dann kann man es nämlich schon zum Verständnis bringen – auch den einfachsten Menschen.

Wenn heute die Wissenschaft so wenig wirksam ist, so ist es eben deshalb, dass sie eigentlich mit Ausschluss der wirklichen Menschlichkeit entstanden ist.

Die Leute werden immer zuerst Privatdozent, dann außerordentlicher Professor, dann ordentlicher Professor. Die Studenten sagen dann: «Ein ordentlicher Professor weiß nichts Außerordentliches und ein außerordentlicher Professor, der weiß nichts Ordentliches.» Die Studenten haben das im Gefühl, meine Herren! So geht der ganze Schlendrian weiter.

Und bei sozialen Reformen wirkt die Wissenschaft eigentlich gar nichts, während sie in der allertätigsten Weise wirken könnte. Und deshalb muss jemand, der es mit dem sozialen Leben ehrlich meint, immer wieder darauf zurückkommen: Stroherne, papierne Gesetze sind viel weniger wichtig – natürlich braucht man sie auch –, aber sie sind viel weniger wichtig als eine durchgreifende Aufklärung.

Diese Aufklärung, die braucht man. Dann erst würden wir richtig weiterkommen.

Gerade so etwas, wie man es studieren kann beim Alkohol, das lässt sich überall begreiflich machen.

Und dann kommt man zu dem, was ich immer sage. Nicht wahr, die Leute kommen und fragen: «Ist es besser, keinen Alkohol zu trinken, oder ist es besser, Alkohol zu trinken? Ist es besser, Vegetarier zu sein oder Fleisch zu essen?»

Ich sage überhaupt niemals einem Menschen, ob er den Alkoholgenuss unterlassen soll oder ob er den Alkohol trinken soll, ob er Pflanzen essen soll oder Fleisch essen soll, sondern ich sage zu dem Menschen: «Der Alkohol wirkt so und so.» Ich stelle ihm einfach dar, wie er wirkt. Dann mag er sich entschließen zu trinken oder nicht.

Und so mache ich es schließlich auch beim Pflanzen- und Fleischessen. Ich sage: «So wirkt das Fleisch, so wirken die Pflanzen.» Und die Folge davon ist, dass der Mensch sich selber entschließen kann.

Das ist das, was man vor allen Dingen in der Wissenschaft haben muss: Respekt vor der menschlichen Freiheit. Sodass man gar nicht das Gefühl hat, man will irgendeinem Menschen etwas gebieten oder verbieten, sondern man sagt ihm die Tatsachen.

Was er damit tun will, wenn er weiß, wie der Alkohol wirkt, das ist seine eigene Sache. Er kommt dann von selbst darauf, was das Richtige ist. Da kommen wir am allerweitesten.

Da kommen wir dazu, dass freie Menschen sich ihre Richtung selber geben können. Und das müssen wir anstreben. Dann erst kommen wir zu richtigen sozialen Reformen.

Wenn ich am Mittwoch da bin, werden wir dann den nächsten Vortrag haben können.

Für eine leichtere Lesbarkeit sind folgende Wortersetzungen vorgenommen worden (im Text durch ° gekennzeichnet):

«abgesprungen°» ersetzt «abgefallen»
«Kater°» ersetzt «Katzenjammer»
«Geisteswissenschaft°» ersetzt «Anthroposophie»

Fachausdrücke der Geisteswissenschaft

Mensch- und Erdentwicklung

7 planetarische Verkörperungen der Erde	1. Saturn-, 2. Sonnen-, 3. Mond-Erde, 4. Erde (jetziger Planet), 5. Jupiter-, 6. Venus-, 7. Vulkan-Erde
7 geologische Epochen der jetzigen Erde	1. Polarische, 2. hyperboräische, 3. lemurische, 4. atlantische, 5. nachatlantische (die jetzige), 6., 7. Epoche
7 Kulturperioden der «nachatlantischen» Zeit (je 2160 Jahre)	1. Indische, 2. persische, 3. ägypt.-chaldäische, 4. griech.-römische Kultur (747 v.–1413 n.Chr.); 5. unsere Kulturzeit (1413–3573 n.Chr.), 6., 7. Epoche

Das Wesen des Menschen

3 Körper-Hüllen	1. Physischer Körper 2. Ätherischer Körper, Ätherleib, Bildekräfteleib 3. Astralischer Körper, Astralleib, Empfindungsleib
3 Seelen-Kräfte	1. Empfindungsseele 2. Gemüts- oder Verstandesseele 3. Bewusstseinsseele
3 Geistes-Glieder	1. Geistselbst (höheres Ich) 2. Lebensgeist 3. Geistesmensch
Aus 9 wird 7	1. Physischer Leib, 2. Ätherleib, 3. Astralleib, 4. Ich, 5. Geistselbst, 6. Lebensgeist, 7. Geistesmensch

Dreiheit in Mensch und Welt

Geistige Wesen:	Luzifer	Christus	Ahriman
Evangelium:	Diabolos	Streben nach Gleich-gewicht	Satanas
Geistig:	Spiritualismus		Materialismus
Seelisch:	Schwärmerei		Pedanterie
Physisch:	Entzündung		Sklerose
Moralisch:	hemmend	fördernd	hemmend

Naturelemente

Ätherwelt:	Wärmeäther	Lichtäther	Ton-/Zahlenäther	Lebensäther
Phys. Welt:	Wärme	Luft	Wasser	Erde
Unternatur:	Schwerkraft	Elektrizität	Magnetismus	Atomkraft
Naturgeister:	Salamander	Sylphen	Undinen	Gnome

Stufen der Einweihung

1. Imagination	Bilder sehen – in der Akasha-Chronik (Ätherwelt)
2. Inspiration	Worte hören – in der Seelenwelt (Astralwelt)
3. Intuition	Wesen erkennen – in der geistigen Welt (Devachan)

Die Vorträge Rudolf Steiners

Rudolf Steiner hat einige Tausend Vorträge, viele von ihnen öffentlich, vor den unterschiedlichsten Menschengruppen gehalten. Sie waren nicht für den Druck bestimmt, aber viele Menschen wollten seine Vorträge auch lesen. Dazu schreibt er in *Mein Lebensgang: «Es wird eben nur hingenommen werden müssen, daß in den von mir nicht nachgesehenen Vorlagen sich Fehlerhaftes findet.»* (Kap. XXXV)

In einer Zeit ohne Tonbandgeräte war der Weg vom gesprochenen Wort zum gedruckten Buchstaben nicht einfach. Es wurde in der Regel mit unterschiedlicher Geschicklichkeit stenografiert, dann das Stenogramm in Klartext übertragen und redigiert. So heißt es zum Beispiel in GA 137: *«Diese Ausgabe basierte auf der stenographischen Mitschrift von Franz Seiler, Berlin, welche im Auftrag Marie Steiner-von Sivers für den Druck korrigiert bzw. bearbeitet worden ist von Adolf Arenson.»* (HDD2004, S.233) Eine solche Bearbeitung enthält zuweilen auch Erläuterungen oder Ergänzungen, die nicht von Steiner stammen.

Der Archiati Verlag ist einerseits bestrebt, so nahe wie möglich an das von Rudolf Steiner Gesprochene zu kommen und andererseits die Geisteswissenschaft *allen Menschen* zugänglich zu machen, da es in ihrer Natur liegt, zum unmittelbaren Leben zu werden. Fürs Erste ist der Verlag dankbar, dass ihm die Original-Klartextübertragungen zur Verfügung stehen, fürs Zweite sind unter anderem die Wahl der Texte und die Art der Redaktion wichtig, aber auch die Gestaltung und nicht zuletzt der Preis.

Wie man wissenschaftliche Genauigkeit mit allgemeiner Zugänglichkeit verbinden kann, zeigt sich am Beispiel von ungebräuchlichen, nicht jedem verständlichen Wörtern, die durch ein allgemein verständliches Wort ersetzt und mit einem ° kenntlich gemacht werden. (Z.B. Verbrauch° für Konsumption, Warenverkehr° für Warenzirkulation) Am Ende des Buches findet der Leser in einer alphabetischen Liste das von Rudolf Steiner gesprochene Wort.

Rudolf Steiner (1861-1925) hat die moderne Naturwissenschaft durch eine umfassende Wissenschaft des Übersinnlich-Geistigen ergänzt. Seine Geisteswissenschaft oder «Anthroposophie» ist in der heutigen Kultur eine einzigartige Herausforderung zur Überwindung des Materialismus, dieser leidvollen Sackgasse der Menschheitsentwicklung.

Steiners Geisteswissenschaft ist keine bloße Theorie. Ihre Fruchtbarkeit zeigt sie vor allem in der Erneuerung der verschiedenen Bereiche des Lebens: der Erziehung, der Medizin, der Kunst, der Religion, der Landwirtschaft, bis hin zu einer gesunden Dreigliederung des ganzen sozialen Organismus, in der Kultur, Rechtsleben und Wirtschaft genügend unabhängig voneinander gestaltet werden und sich gerade dadurch gegenseitig fördern können.

Von der etablierten Kultur ist Rudolf Steiner bis heute im Wesentlichen unberücksichtigt geblieben. Dies vielleicht deshalb, weil seine Geisteswissenschaft jeden Menschen, der sie ernst nimmt, früher oder später vor die Wahl zwischen Macht und Menschlichkeit, zwischen Geld und Geist stellt. Gerade in dieser Wahl liegt aber jene innere Erfahrung der Freiheit, die jeder Mensch sucht und die der Grundaussage des Christentums zufolge seit zweitausend Jahren allen Menschen möglich ist.

Es liegt in der Natur dieser Geisteswissenschaft, dass sie weder ein Massenphänomen noch eine elitäre Erscheinung sein kann: Einerseits kann sie nur der einzelne Mensch in seiner Freiheit ergreifen, andererseits kann dieser Einzelne in allen Schichten der Gesellschaft und in allen Völkern und Religionen der Menschheit seine Wurzeln haben.